公路隧道自然通风效能及强化

金斯科 金佳丽 龚延风 著

中国建筑工业出版社

图书在版编目（CIP）数据

公路隧道自然通风效能及强化/金斯科，金佳丽，
龚延风著．—北京：中国建筑工业出版社，2023.8
ISBN 978-7-112-28969-1

Ⅰ.①公… Ⅱ.①金…②金…③龚… Ⅲ.①公路隧
道—隧道通风—系统设计 Ⅳ.① U459.2

中国国家版本馆 CIP 数据核字（2023）第 144503 号

本书结合理论分析结果和实验测试数据，研究了公路隧道内的流场发展与流速分布规律，阐明了公路隧道内部的流场建立和发展机理。比较分析了不同隧道顶部及竖井结构下的自然通风和自然排烟效果，给出了自然通风公路隧道的结构设计方案。主要内容包括公路隧道通风研究综述，公路隧道流场形成及发展机理，公路隧道自然通风及排烟实验及测试方法，公路隧道纵向流场计算方法，公路隧道顶部竖井处的流场特性，不同隧道顶部结构及竖井形式的自然通风及排烟效能。

责任编辑：刘文昕　程素荣　刘平平
责任校对：姜小莲
校对整理：李辰馨

公路隧道自然通风效能及强化

金斯科　金佳丽　龚延风　著

*

中国建筑工业出版社出版、发行（北京海淀三里河路9号）
各地新华书店、建筑书店经销
北京建筑工业印刷有限公司制版
建工社（河北）印刷有限公司印刷

*

开本：787 毫米×1092 毫米 1/16　印张：12　字数：240 千字
2023 年 6 月第一版　2023 年 6 月第一次印刷
定价：160.00 元
ISBN 978-7-112-28969-1
（41179）

版权所有　翻印必究
如有内容及印装质量问题，请联系本社读者服务中心退换
电话：（010）58337283　QQ：2885381756
（地址：北京海淀三里河路9号中国建筑工业出版社604室　邮政编码：100037）

序　言

顶部开口的城市浅埋公路隧道自然通风是一项绿色节能技术，可以在运营工况下进行自然通风，在火灾工况下进行自然排烟，而完全抛弃机械通风与机械排烟，依赖自然通风保障隧道内空气环境和排烟安全，降低隧道初投资，并节约大量运行成本。该技术已在国内城市建设中应用，但是尚未形成规律性的设计方法。

本书首先阐述了公路隧道自然通风的背景和工程应用，以及公路隧道自然通风模型实验相似理论及平台搭建。在此基础上通过理论推导和模型实验的手段，研究公路隧道内流场的能量演化和流场的建立与发展，公路隧道流场数值模拟技术，公路隧道压力波及竖井通风特性，以及公路隧道火灾烟气流场特性及烟气分层结构稳定性。最后讨论了公路隧道顶部竖井自然通风方程和流场波动方程，提出了竖井自然通风强化措施，并采用模型实验测试的方式对其进行了研究和论证。

在公路隧道及通风排烟概述这一章中，归纳了历史上各类公路隧道的发展过程；介绍了全横流式通风、半横流式通风、纵流式通风等通风方式，以及典型的公路隧道通风工程案例。阐述了城市浅埋公路隧道的特点以及目前的通风和排烟方式。顶部开设竖井是此类隧道在自然通风和自然排烟方面的一个新思路，工程实践证明可以依赖自然通风保障公路隧道内的空气环境质量。

在公路隧道通风及火灾实验平台这一章中，首先讨论了公路隧道通风和火灾实验中流场和火灾烟气的相似理论和相似准则，得出了开展公路隧道自然通风和火灾烟气模型实验所需要遵循的主导相似准则和前提条件。之后介绍了公路隧道自然通风实验平台的具体细节和搭建经验。最后阐述并论证了模型实验中所采用的简便适用的流场显示技术和可视化方案。

在公路隧道流场的建立与发展这一章中，首先以理论研究的方式推导了公路隧道中能量的传递和演化方程，并测试了隧道中各处的能量增量分布，详细讨论了公路隧道流场中的动能增量和能量耗散规律。在此基础上，推导并测试了公路隧道中的流场分布和发展规律，阐明了公路隧道流场的建立和发展过程，给出了公路隧道三个分区中的稳态流场公式和流场分布演化模型。最后研究了车速和车间距对隧道流场的影响。

在公路隧道流场数值模拟这一章中，由于公路隧道内复杂流场和湍流剪切应力的分布特点，现有亚滤波模型在运用于公路隧道流场大涡模拟计算时，都表现出较大的误差。针对于此，本书基于前文中隧道流场的动能耗散研究结论，提出了大涡模拟亚滤波模型的修正思路和修正模型，并采用修正后的亚滤波模型对公路隧道中的流场进行了动态模拟。

在公路隧道顶部竖井通风及气流脉动这一章中，提出了公路隧道中运行车辆的压力偶极子理论，结合压力偶极子理论和实验测试，研究了公路隧道中压力波的空间分布特性和时间脉动特性。在此基础上开展了公路隧道竖井流场测试，研究了在均匀连续车流下，竖井的气流特征和竖井数量对竖井通风效能的影响。证实了在连续车流下，隧道竖井由外向内的持续气流现象，也论证了公路隧道流场和管流的本质差异性。

在公路隧道火灾烟气输运行为及自然排烟这一章中，基于公路隧道火灾初期无组织逃生行为调查，论证了公路隧道火灾初期隧道内车辆运行的必然性，并开展了车辆运行时的公路隧道火灾烟气实验。研究了在运行车辆的影响下，公路隧道火灾两侧烟气的输运规律。基于分层流理论和 Froude 准则，提出了隧道火灾烟气分层结构的稳定性判据。最后研究了公路隧道竖井自然排烟效能。

最后，在公路隧道自然通风模型及强化措施这一章中，推导得出了顶部开口公路隧道的自然通风潜力方程和竖井流场的波动方程，并进行了相应的实验测试和研究。阐明了公路隧道内流场总风量的分布规律和隧道竖井通风潜力的分布规律。在此基础上，针对公路隧道中后段竖井的流场特性，提出了竖井自然通风强化措施，并以理论和实验测试相结合的方式研究了通风强化后的单竖井和整个公路隧道的自然通风效能。

本书的研究工作及出版，得到了台州市政府人才项目的支持，也得到了清华大学、南京工业大学、台州职业技术学院以及中国建筑工业出版社的指导和帮助，在此一并表示感谢。

由于作者学识有限，书中难免存在不足之处，恳请专家和同行们批评指正，也热忱欢迎读者们提出宝贵意见。

金斯科

2023 年 2 月于台州

目 录

第1章 公路隧道及通风排烟概述 ... 1
1.1 公路隧道的发展及分类 ... 1
1.1.1 隧道及其发展历程 ... 1
1.1.2 公路隧道的类型及特点 ... 3
1.2 公路隧道的通风排烟解决方案 ... 5
1.2.1 公路隧道的通风排烟方式 ... 5
1.2.2 不同通风排烟类型的隧道工程 ... 8
1.3 公路隧道的自然通风及排烟实践 ... 10
1.3.1 城市浅埋公路隧道自然通风实践 ... 10
1.3.2 自然通风公路隧道的特点 ... 11
1.4 本章小结 ... 12

第2章 公路隧道通风及火灾实验平台 ... 14
2.1 隧道通风及火灾实验相似理论 ... 14
2.1.1 公路隧道内的纵向流动相似 ... 14
2.1.2 公路隧道内的烟流热力相似 ... 19
2.1.3 公路隧道模型实验主导相似准则 ... 21
2.2 公路隧道模型实验平台 ... 22
2.2.1 车辆自驱动隧道实验平台 ... 23
2.2.2 机械传动隧道实验平台 ... 24
2.3 隧道通风及烟气流场可视化方案 ... 28
2.3.1 可视化方案的选择 ... 28
2.3.2 可视化方案的科学性论证 ... 29
2.4 本章小结 ... 32

第3章 公路隧道流场的建立与发展 ... 34
3.1 公路隧道流场中的能量演化 ... 34

3.1.1 隧道中的能量传递和耗散 ································· 34
3.1.2 公路隧道流场能量演化与分布 ························· 37
3.2 公路隧道流场的建立与稳态特性 ······························ 39
3.2.1 公路隧道流场稳态模型 ··································· 39
3.2.2 公路隧道稳态流场特性 ··································· 44
3.3 公路隧道流场的演化与流速分布 ······························ 47
3.3.1 公路隧道流场演化模型 ··································· 47
3.3.2 公路隧道流场发展与分布 ································· 49
3.4 本章小结 ··· 51

第4章 公路隧道流场数值模拟 ··· 52
4.1 公路隧道流场特性概述 ··· 52
4.2 适用于公路隧道流场模拟的湍流模型修正 ···················· 53
4.2.1 公路隧道流场的亚滤波尺度模型缺陷 ················· 53
4.2.2 适用于公路隧道流场的亚滤波尺度模型修正 ······· 54
4.3 公路隧道流场数值模拟 ··· 56
4.3.1 公路隧道流场大涡数值模拟 ····························· 56
4.3.2 模拟结果与准确性验证 ··································· 58
4.4 本章小结 ··· 62

第5章 公路隧道顶部竖井通风及气流脉动 ························· 63
5.1 公路隧道中的压力分布与波动 ··································· 63
5.1.1 运行车辆的压力偶极子 ··································· 63
5.1.2 公路隧道压力动态分布模型 ····························· 68
5.1.3 公路隧道内的压力波动测试 ····························· 69
5.2 顶部竖井内部的流场特性 ··· 75
5.2.1 顶部开口自然通风实验方案 ····························· 75
5.2.2 顶部开口处的气流方向判定 ····························· 76
5.2.3 公路隧道顶部开口处流场发展 ························· 78
5.3 公路隧道顶部竖井流场特性 ······································ 81
5.3.1 顶部竖井内流场分布规律 ································ 81
5.3.2 竖井布置及车速对竖井内流场的影响 ··············· 83
5.4 本章小结 ··· 86

第6章 公路隧道火灾烟气输运行为及自然排烟 …… 87
6.1 隧道火灾烟气特性概述 …… 87
6.1.1 公路隧道火灾的特殊性 …… 87
6.1.2 公路隧道火灾发展与烟气蔓延 …… 89
6.2 运行车辆影响下的火灾烟气输运 …… 89
6.2.1 公路隧道火灾初期车辆运动的必然性 …… 89
6.2.2 运行车辆影响下的公路隧道烟气流动实验 …… 93
6.2.3 公路隧道火灾烟气输运行为 …… 95
6.3 隧道火灾烟气分层结构与顶部自然排烟 …… 99
6.3.1 公路隧道火灾烟气的分层结构 …… 99
6.3.2 公路隧道火灾烟气的稳定性 …… 102
6.3.3 公路隧道顶部竖井的排烟效能 …… 107
6.4 本章小结 …… 111

第7章 公路隧道自然通风模型及强化措施 …… 113
7.1 公路隧道竖井自然通风模型 …… 113
7.1.1 顶部开口公路隧道自然通风平衡方程 …… 113
7.1.2 顶部开口公路隧道自然通风运动方程 …… 120
7.2 公路隧道竖井自然通风强化措施 …… 124
7.2.1 提升隧道深处竖井的通风功能 …… 124
7.2.2 减弱竖井中的涡流现象 …… 127
7.3 强化措施下的隧道自然通风效能 …… 129
7.3.1 单个竖井流场及通风效能 …… 129
7.3.2 强化措施后的隧道整体通风效能 …… 133
7.4 本章小结 …… 137

第8章 总结 …… 139
8.1 公路隧道自然通风概述 …… 139
8.2 公路隧道自然通风模型实验 …… 140
8.2.1 公路隧道通风及火灾相似理论 …… 140
8.2.2 公路隧道流场的可视化方案 …… 142
8.2.3 公路隧道流场湍流模型修正 …… 142
8.3 公路隧道自然通风机理 …… 144

  8.3.1 公路隧道流场的建立与发展 ································· 144
  8.3.2 公路隧道的压力脉动 ······································· 147
  8.3.3 公路隧道顶部竖井流场特性 ································· 148
  8.3.4 车辆运行时的火灾烟气流动特性 ····························· 149
 8.4 公路隧道自然通风强化措施及效能 ································ 151
  8.4.1 公路隧道竖井自然通风模型 ································· 151
  8.4.2 公路隧道自然通风强化措施 ································· 153
  8.4.3 公路隧道竖井自然通风效能 ································· 155

附录 A 流场公式及能量平衡方程推导 ······························ 157
 A.1 公路隧道流场分布公式推导 ······································ 157
  A.1.1 壁面影响区流场分布公式推导 ······························· 157
  A.1.2 车辆影响区流场分布公式推导 ······························· 160
 A.2 公路隧道流场能量平衡方程的分项表达推导 ······················· 161

附录 B 公路隧道压力波分布算例 ·································· 164
 B.1 公路隧道暗埋段压力波分布算例 ·································· 164
 B.2 考虑洞口压力衰减的公路隧道压力分布算例 ······················· 166

参考文献 ·· 170

插图列表 ·· 175

符 号 列 表

X, Y, Z：直角坐标系轴标，隧道长度方向为 X，宽度方向为 Y，高度方向为 Z；

u_x, u_y, u_z：X, Y, Z 三个方向的速度分量，m/s；

f_x, f_y, f_z：X, Y, Z 三个方向的体积力分量，N；

t：时间，s；

l：长度，m；

v, u：速度，m/s；

p：压强，N/m²；

g：当地的重力加速度，m/s²；

ρ：密度，kg/m³；

ν：运动黏滞系数，m²/s；

μ：动力黏滞系数，kg/(m·s)；

λ：导热系数，W/(m·K)；

β：膨胀系数；

η：模型实验中各参数的相似比例；

D, d：微粒的直径，m；

S：微粒的截面积，m²；

ζ：示踪粒子的响应时间，s；

ΔE：单位体积流体流过单位长度后耗散的能量，J/m³·m；

ΔW：单位体积流体流过单位长度后得到的能量，J/m³·m；

ΔK：单位体积流体流过单位长度后的动能增量，J/m³·m；

B：流体的表面能量损失，W/m²；

∇：拉普拉斯算子；

Sh：斯特劳哈尔数；

Fr：弗劳德数；

Re：雷诺数；

Eu：欧拉数；

Pr：普朗特数；

Ra：瑞利数；

H：隧道高度，m；

τ：湍流剪切应力，N/m²；

ω：角频率；rad/s

r：计算点到压力波中心的距离，m；

ϕ：流体的速度势；

ϕ'：流体的扰动速度势；

ϵ：汽车表面的粗糙高度；

κ：波数；

σ：圆频率；

$\psi(z, t)$：渐进衰减函数；

DNS：直接数值模拟；

RANS：雷诺平均方法；

LES：大涡模拟方法；

DSM：动态涡黏性模型；

DMM：动态混合模型。

第1章 公路隧道及通风排烟概述

1.1 公路隧道的发展及分类

1.1.1 隧道及其发展历程

隧道,世界经济合作与发展组织(OECD)在1970年从技术层面给出过定义,"以任何方式修建,最终使用于地表或水面以下,内部空洞的净空断面在$2m^2$以上的条形构筑物称为隧道"。这一定义通过定义净空断面面积,从而使得隧道区别于其他自然界的狭小空间。

隧道的发展和人类的文明历史及技术进步是息息相关的。公元前2180至前2160年左右,为了连通皇宫和朱庇特庙,古巴比伦王国修建了一条穿越幼发拉底河的水下人行隧道。据考证,隧道长900m、宽3.6m、高4.6m,用砖衬砌。日本学者认为该隧道是在旱季将幼发拉底河改道,用明挖法建成,然后在隧道顶部回填。这是史料记载中人类最早的人行隧道。公元前36年,罗马人在那不勒斯和普佐里之间开凿的婆西里勃道路隧道,长约1500m、宽8m、高9m,是在凝灰岩中凿成的一条长隧道。

世界上最早的公路隧道出现在中国,是历史上赫赫有名的古褒斜道上的石门隧道。东汉永平四年(公元61年),汉明帝刘庄下诏修筑褒斜栈道,修筑过程中遇到山石挡路,但当时的褒斜栈道是巴蜀通往秦川的主干道,为了完成这一要道的修建工程,据《褒谷古迹辑略》记载,修建该隧道时"积薪一炬石为圻,锤凿既加如削腐",即当时的工匠采取了"火烧水激"的方法,先用烈火煅烧岩石,再用冷水快速降温,利用岩石热胀冷缩的不均匀,从而降低岩石强度和开凿难度。石门隧道建成于东汉永平九年(公元66年),最终隧道长度约为16m,平均高度约3.5m,平均宽度约4.3m。该隧道在当时能并排通行马车,即便是现在的小型车辆也能轻松通行。这条隧道是《蜀道难》中最重要的一段隧道,在当时是控制汉中平原和川蜀的要害之地。石门隧道的成功开凿,在我国隧道历史上具有重要意义(图1.1.1、图1.1.2)。

进入中世纪之后,隧道主要用于开矿和军事。在17世纪和18世纪,随着运输业的逐渐发展和技术的进步,尤其是工程炸药的应用,交通隧道的修建工程也蓬勃发展起来。1866年,瑞典人诺贝尔发明了黄色炸药达纳马特,炸药的发明为在坚硬的山体岩石中开凿隧道提供了条件。1872年，在瑞士中南部圣哥达隧道的建设中，首次使用了炸药。进入19世纪后，随着铁路工程的发展，隧道工程随之迅速发展，修建的铁路隧道数量也逐渐增多。20世纪以来，汽车技术突飞猛进，汽车运输量不断增加，车速逐渐提高。公路的建设标准也相应提高，要求道路尽量平坦，并采用直线形，以缩短汽车行驶路程，提高运输效率，公路隧道的数量随之增多。

图1.1.1　石门隧道内部

图1.1.2　石门隧道洞口

目前，世界上最长的山体隧道是穿越瑞士阿尔卑斯山脉底部的圣哥达基线隧道（图1.1.3）。该隧道距地面8000英尺（约2438.4m），隧道长约35英里（约57km），连接瑞士的北端小镇埃斯特费尔德（Erstfeld）和南端小镇博迪奥（Bodio），超过了挪威西部地区的洛达尔隧道（24.5km，图1.1.4）和日本的青函隧道（全长约23km，图1.1.6），成为世界上最长的公路隧道。

图1.1.3　瑞士圣哥达基线隧道（57km）

图1.1.4　挪威洛达尔隧道（24.5km）

中国的秦岭终南山公路隧道是亚洲最长的公路隧道（图1.1.5），该公路隧道是中国陕西省境内一条连接西安市与商洛市的穿山通道，位于秦岭终南山，2001年1月8日动工建设，2007年1月20日竣工运营。秦岭终南山公路隧道北起西安市长安区五台街道青岔村,南至商洛市柞水县营盘镇小峪口,全长18.02km,耗时7年完工。

进入21世纪以来,公路隧道总量和建设规模持续增大。截至2020年,我国公路隧道数量突破2万处,达到21316处(图1.1.7),总长度突破2000万m,达到2199.9万m(图1.1.8)。其中,我国特长隧道建设数量增长迅速。2020年,我国公路特长隧道数量为1394处,总长度达到623.6万m。目前,中国是世界上公路隧道规模最大、数量最多、地质条件和结构形式最复杂、发展速度最快的国家。

图1.1.5 中国秦岭终南山公路隧道(18.02km)

图1.1.6 日本青函海底隧道(23km)

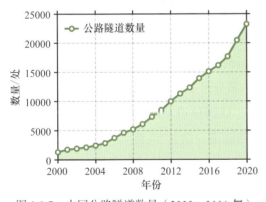
图1.1.7 中国公路隧道数量(2000~2020年)

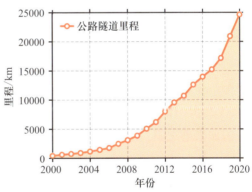
图1.1.8 中国公路隧道里程(2000~2020年)

1.1.2 公路隧道的类型及特点

根据不同的侧重点,公路隧道有着不同的分类方式。比如,按岩石的性质,可以将公路隧道分为硬质岩隧道(坚硬岩、较坚硬岩)、软质岩隧道(较软岩、软岩、极软岩)和土质隧道。按照通行方向和车辆行驶方向,可以分为双向隧道和单向隧道。按照断面面积,可以分为特大断面隧道(大于100m²)、大断面隧道(大于50m²)、中断面隧道(大于10m²)、小断面隧道(大于3m²)和极小断面隧道(不大于3m²)。

按照洞内通风方式，可以分为机械通风（常见有轴流风机、射流风机等）和自然通风，或其组合方式。按照洞外通风方式，可以分为竖井通风、斜井通风和进出口通风，或其组合方式。公路隧道按照其所在的位置，可以分为山体隧道、水底隧道和城市隧道。按照隧道埋置的深度，可以分为浅埋隧道和深埋隧道。本书着重研究的是城市浅埋公路隧道。

山体隧道，是指为缩短交通距离和避免大坡道，而从山岭或丘陵下穿越的通行构筑物。浙江省在建的最长山体隧道为叶麻尖特长隧道（图1.1.9、图1.1.10）。该隧道位于温州市文成县西部，全长10.69km，由叶麻尖1号和2号隧道组成，隧道最大埋深660m，是浙江省内在建最长、竖井最深的山体隧道。

图1.1.9　叶麻尖特长隧道入口鸟瞰　　　　图1.1.10　叶麻尖特长隧道内部施工

水底隧道是修建于江、河、湖、海等水域底下的交通通道。水底隧道不受气候影响，不影响通航，引道占地少。世界水下部分最长的海底隧道是英法海底隧道（图1.1.11、图1.1.12），又称英吉利海峡隧道、欧洲隧道。该隧道位于英国多佛港与法国加来港之间，是一条英国通往法国的铁路隧道，全长50.5km，1994年5月6日开通。英吉利海峡隧道连接英国的福克斯通和法国加来海峡省的科凯勒，历时8年多，耗资约100亿英镑（约150亿美元），也是世界上规模最大的利用私人资本建造的工程项目。该隧道的海底部分长度为37.9km，相较于海底部分长度为23.3km的日本青函隧道更胜一筹（图1.1.13）。

城市隧道，是指为适应公路或铁路通过大城市的需要，而修建在城市地下的交通构筑物。厦门市成功大道的梧村隧道是目前国内最长的单体城市公路隧道，2009年7月8日建成。该隧道为双向6车道隧道，宽13.5m，全长3.7km。在浦南下穿部分采用超浅埋暗挖。由于隧道过长，为了避免行车过程中枯燥无味，还特别设计了独特的隧道景观，让驾驶员忘记这是一条隧道。

图 1.1.11 英法海底隧道（入口）

图 1.1.12 英法海底隧道（内部）

图 1.1.13 日本青函海底隧道

1.2 公路隧道的通风排烟解决方案

1.2.1 公路隧道的通风排烟方式

隧道内部空间较小且狭长，近似乎为封闭空间。车辆经过隧道时排出的一氧化碳（CO）、氮氧化物（NO_X），以及烟尘等污染物，不仅会影响行车安全，而且会对人体造成危害。当火灾发生时，燃烧释放的热量无法充分扩散，会在短时间内大量堆积，于是隧道内部温度迅速上升。由于隧道空间局促，外界空气供给不足，缺氧状态下的不完全燃烧会产生大量的浓烟和 CO 等有害气体，且不能及时排出隧道。CO 中毒是浓烟致命的主要毒性。研究表明[1-3]，当空气中 CO 含量为 1.3% 时，人呼吸数次便会昏迷，几分钟内便可导致死亡，而隧道火灾产生的 CO 含量高达 2.5%。此外，火灾烟气蔓延迅速，在纵向风的作用下，烟气在隧道内迅速蔓延，其蔓延速度要远快于火焰的迁移速度，速度超过其5倍。而且，烟层易受干扰，毒性高，对人员危害极大。人在浓烟中1~2分钟便会晕倒，在火灾中丧生的人，有超过60%是死于浓烟。火灾烟气是夺人生命的第一杀手。因此，公路隧道的通风排烟系统是保障隧道安全运营的重要设施。

1927年，美国在纽约哈得孙河底修建了长度为2610m的霍兰德隧道（Holland Tunnel），在这条隧道中解决了现代隧道建设中出现的通风等一系列问题（图1.2.1）。1919~1920年，在霍兰德氏的指导下，对汽车排出的CO量进行了大面积的调查研究，在此基础上对CO对人体的危害浓度容许值也进行了研究，研究结果将400ppm作为CO的设计浓度。在考虑此类问题之后，霍兰德隧道采用了横流式通风。霍兰德隧道也成为世界上最早使用通气塔为隧道提供新鲜空气的公路隧道，在隧道中设置通气塔的意图就是解决隧道内汽车尾气的排放问题，这也是针对公路隧道汽车尾气污染排放问题的最早研究。从此之后，机械通风方式逐渐在世界范围内得到广泛的应用，逐渐出现了横流式、半横流式、纵流式以及射流式等通风方式[4]。

图1.2.1　美国霍兰德隧道及地面通风井
（a）平面图；（b）施工现场；（c）隧道内部；（d）隧道入口；（e）地面通风井

1973年，空气动力学和隧道通风国际研讨会（International Symposium on the Aerodynamics and Ventilation of Vehicle Tunnels）成立，之后每三年召开一次会议，并出版论文集。该研讨会的成立为世界各国隧道通风领域的技术交流提供了平台，也推动了隧道通风技术的发展。1985 年，日本在关越隧道中首先使用分段纵向通风模式，随后该隧道通风模式在世界范围内得到广泛的推广和应用。

全横向式通风是指在设置送风道和排风道的情况下，使隧道内基本不产生纵向流动的风，只有横向流动的风，故取名为全横向通风（图 1.2.2）。双向通行时，纵向风速大致为零，污染物浓度沿隧道轴线均匀分布；单向通行时，因考虑到汽车行驶的影响，在纵向上会产生一定的风速，污染物的浓度由入口至出口逐渐增加，一部分污染物会直接从出口排出，有时污染物的排出量会占总量的比例很大。采用全横向式通风时，通风气流在隧道内横向流动，通风效果好，安全性强，且当隧道内发生火灾时，能及时排烟，但隧道内须设置两个风道，占用隧道的空间较大，工程造价及运营费用也较高。

采用半横向式通风时，隧道内的污染物浓度基本接近一致，其常用形式是送入式半横向通风（图 1.2.2）。当新鲜空气经送风管直接吹至汽车排气孔高度附近时，对空气进行直接稀释，有利于后续车辆的行车安全。双向通行时，不论是送入式还是排出式，如果交通量相等，且两洞口的气象条件也相同时，隧道内的风压分布以中央部位最大。当两洞口排出或送入等量的空气时，在隧道中点风速为零。在其两侧，风速向两洞口呈线性增加。采用半横向式通风时，当隧道发生火灾，送风机可逆转，能防止火灾蔓延，且隧道内有害气体的浓度较均匀，只需一个风道，工程投资也较低。在隧道中心线位置处有一个中性带，中性带的通风效果较别处差[5, 6]。

纵向式通风是最简单的通风方式（图 1.2.2）。当自然通风不满足时，用机械通风予以补充的方式是最经济的，但对于较长的大隧道直接采用则不是很经济，应考虑设置竖井进行分段设置。竖井通风方式较多地应用于双向通行的隧道，其竖井位置宜设置在隧道中间。当隧道单向通行时，能够利用汽车活塞风的作用降低工程造价，易分期实施，营运费用也较低，但隧道内有害气体的浓度不均匀，出洞口处浓度最高，发生火灾时不易排烟。纵向通风已成为中国单向公路隧道的主要通风形式，结合通风井送排的纵向通风方式在 5km 以上的公路隧道中有着较为普遍的应用[7]。

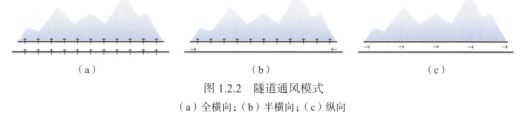

图 1.2.2　隧道通风模式
（a）全横向；（b）半横向；（c）纵向

射流式纵向通风是指从一个洞口引进新鲜空气，通过另一个洞口排出污染物的方式。使用这种方式通风，其空气污染程度，由入口至出口方向呈线性增加，入口处污染浓度最小，出口处污染浓度最大。另外，射流风机应安装在安全行车限界外，且喷出的气流对交通应无不良影响。

1.2.2 不同通风排烟类型的隧道工程

采用横向通风的隧道有瑞士的圣哥达公路隧道（St. Gothard Tunnel）、奥地利的阿尔贝格隧道（Arlberg Tunnel）和普拉布斯隧道（Plabutsch Tunnel），以及法国－意大利的弗雷瑞斯隧道（Frejus Tunnel）和勃朗峰隧道（Mt. Blance Tunnel）等。

圣哥达公路隧道是穿越圣哥达山口（Gotthard Pass）的线路（隧道），也是欧洲南北轴线上穿越阿尔卑斯山最重要的通道之一。该隧道建设用时17年，共耗资120亿瑞士法郎（约合110亿欧元）。它长约35英里（约合57km），穿越瑞士阿尔卑斯山脉底部，距地面8000英尺（约2438.4m）。该隧道采用的是横向式通风模式。

勃朗峰隧道连接法国和意大利，位于法、意边境，在阿尔卑斯山最高峰——勃朗峰底下，长11.6km。意大利和法国先后于1958年和1959年开凿隧道，整个工程完成于1962年8月。隧道内采用全横向通风，送排风管道位于隧道底部。弗雷瑞斯隧道穿过欧洲的阿尔卑斯山脉，位于连接法国里昂和意大利都灵两座大城市之间的铁路线上。这座双线隧道于1857年开工，于1871年竣工。隧道最大埋深约2480m。隧道原长12.9km，但因地质构造变化，在1881年加长到13.7公里，隧道采用全横向通风。

阿尔贝格铁路隧道（Arlberg Railway Tunnel）是奥地利西部阿尔贝格铁路的一个隧道，全程10.6km。隧道贯穿雷蒂亚阿尔卑斯山（Rhaetian Alps）东北端阿尔贝格山峦。第一个单线隧道于1884年12月21日开通，第二个轨道于1885年7月15日开通。奥地利普拉布奇隧道建于1987年，全长9634m，东线长9919m，西线长10085m，隧道采用全横向式通风设计。

采用纵向通风的隧道有挪威的拉达尔隧道（Laerdal Tunnel）、弗格丰纳隧道（Folgefonna Tunnel），中国的秦岭终南山公路隧道（Qinlingzhongnanshan Highway Tunnel）、新疆天山胜利隧道（Tianshan Shengli Tunnel）、太原西山隧道（Xishan Tunnel），日本的关越隧道（Kan-Etsu Tunnel）、大分县隧道（Hida tunnel），以及意大利的格兰萨索隧道（Gran Sasso Tunnel）和法国的巴黎A86公路西线隧道。

挪威的拉达尔公路隧道（Aurland Laerdal Tunnel），位于卑尔根东北约200km处，连接挪威菲尤拉讷的拉达尔和艾于兰，隧道总长24.51km。该隧道于1995年开工建设，2000年建成，耗资约1.3亿美元。主隧道是白色的灯光，洞穴有蓝色的灯光和黄色的混合以模仿日出。该隧道采用纵向通风模式。

中国的秦岭终南山公路隧道（图1.2.3、图1.2.4）是中国陕西省境内一条连接西安市与商洛市的穿山通道，位于秦岭终南山，为包头－茂名高速公路组成部分。该隧道北起西安市长安区五台街道青岔村、南至商洛市柞水县营盘镇小峪口，线路全长 18.02km。隧道路面为双洞四车道、单向两车道，设计速度 80km/小时。秦岭终南山公路隧道于 2001 年 1 月 8 日开工建设，2007 年 1 月 20 日竣工运营，项目总投资额 40.27 亿元。太原太古高速公路西山隧道群总长 15km，其中，西山特长隧道长 13.6km，横亘在太原与古交之间。西山 2 号隧道长 1.4km，两隧道进出口最小距离 180m。西山隧道难掘，岩石断层，断层岩石破碎，地下水多，掘进时特别容易发生坍塌、突水、涌泥。西山隧道群被公认为施工难度第一。

秦岭终南山公路隧道和西山隧道采用的是纵向通风技术。新疆天山胜利隧道地处高寒高海拔地区，穿越天山山脉，是 G0711 乌鲁木齐至尉犁高速公路项目关键性控制工程。该隧道全长 22.1km，最大埋深 1112.6m，气候恶劣多变，地质条件复杂，施工难度大，施工组织复杂。新疆天山胜利隧道进口端右洞突破 4000m 大关，是世界上最长的在建高速公路隧道。新疆天山胜利隧道采用 4 座通风竖井，将整条隧道分为 5 段，在每一段中采用纵向通风。该通风方式将纵向通风方式的运用范围进行了拓展，使得中国通风井送排纵向通风方式的运用长度首次突破了 20km。此外，安徽的明堂山隧道（7.53km）和山西的大万山隧道（10.49km）也采用了通风井分段送排与单通道组合的通风方式。

图 1.2.3　秦岭终南山公路隧道的整体结构及入口
（a）隧道及通风示意；（b）隧道施工现场；（c、d）隧道入口

图 1.2.4　秦岭终南山公路隧道的通风及照明系统
(a) 通风系统；(b) 照明系统；(c) 顶部风机

1.3　公路隧道的自然通风及排烟实践

1.3.1　城市浅埋公路隧道自然通风实践

城市浅埋公路隧道与一般公路隧道不同，这类市内隧道多属于浅埋式隧道（隧道顶部距地面约 2~6m）。在 20 世纪 90 年代，此类隧道以 200~300m 的过街短隧道为主，现在则以区域性的通道为主，长度达到 3000m 以上。该类型隧道传统的通风解决方式是采用射流风机机械通风，但这种方式造成隧道内部噪声高，行车环境差，又消耗大量的运行电力（图 1.3.1）。

根据可持续发展的指导思想，针对城市交通隧道的特点，中铁二院的钟星灿于 2005 年首先提出了在隧道顶部开口，在运营工况下利用开口进行自然通风，在火灾工况下进行自然排烟，而完全抛弃机械通风与机械排烟设备的方案（图 1.3.1）。这种形式的隧道在国内首次提出，国外也未见报道。方案很快得到国内多个城市建设主管部门的青睐。2005 年开通了成都红星路下穿隧道（长度 800m），首次在世界上实现了采用顶部开口自然通风（排烟）的工程应用。其次，2007 年 4 月开通了南京通济门隧道（地下长度 890m）、西安门隧道（地下长度 1410m），2008 年 10 月开通了南京新模范马路隧道（地下长度约 3000m）。

第1章 公路隧道及通风排烟概述

图 1.3.1 公路隧道中的机械通风与自然通风
（a）弧形截面隧道；（b）矩形截面隧道；（c）、（d）顶部开口的公路隧道

1.3.2 自然通风公路隧道的特点

顶部开口自然通风隧道充分体现了绿色环保的理念，具有以下几方面特点：

（1）显著的节能效果、良好的空气环境和安全的排烟效果

机械通风隧道在日常运行中，通风系统消耗的电力是隧道运营能耗的主要组成。与传统的机械通风模式相比，自然通风模式的隧道内不设置风机，整个运营过程无需消耗电力，可以一劳永逸地解决通风排烟问题，其节能效益不言而喻。

正常行车工况下，车辆运动产生的交通风力将促使隧道内空气在开孔处进行通风换气，以降低内部污染物浓度，保障空气环境质量。而且车流量越大，通风换气量也越大；阻滞工况下，车辆发热使得隧道内部的温度高于外部环境，依靠热压即可排出污染空气；火灾工况下，热烟气将产生浮升效应并从顶部开口排出，实现自然排烟，在隧道内不至于产生烟气的积聚从而影响到人员的疏散和安全。从已建成隧道的运营效果表明，隧道内的空气质量要明显优于机械通风的效果，特别是在隧道的开口处，其效果对比更为强烈。7.5MW 实体火灾试验表明，其排烟的安全性高，完全能保证人员的疏散安全[8-10]。

（2）降低洞口污染物排放浓度

在机械纵向通风模式下，污染物集中在隧道出口处排放，浓度高度集中的污染空气难以满足环保要求，而市区内设立高空排放的排风塔难度更大[11]。自然通风隧道由于在各个开口处分别进行了排放，不会产生污染物的聚集，更易实现达标排放。

（3）降低隧道的初投资

隧道内通风排烟采用射流风机，一般安装在隧道顶部，由于取消了射流风机，隧道的断面高度将降低1000mm左右，使得隧道建设的成本明显下降（节省土建初投资300万～400万元/km），其经济性十分明显。

顶部开口自然通风隧道目前还没有成熟的设计方法。国内外对于这类隧道在不同车况、不同开口布置下气流的流场分布、压力分布等流动特性与规律尚没有开展系统的研究。尽管该模式隧道已在实际工程中应用，课题组成员也对该问题进行了一定程度的前期研究。但在工程设计时主要还是根据定性分析，参照人防工程通风要求，采取了较为保守的设计方法，按照4%开口率加大孔口的开启面积。

因此，开展顶部开口公路隧道的自然通风与排烟机理研究论证，以指导隧道设计是十分必要的，具有极大的社会价值。开展顶部开口城市地下公路隧道通风机理研究，对建立城市地下交通通道甚至地下交通网络，缓解城市用地及改善交通等环境问题是一个具有前瞻性、配套性的基础应用性课题。

1.4　本章小结

隧道的发展和人类文明及技术息息相关。古巴比伦王国的幼发拉底河水下隧道，是人类最早的人行隧道。中国古褒斜道上的石门隧道是世界上最早的公路隧道。该隧道采取"火烧水激"方法建成。石门隧道建成于东汉永平九年（公元66年），长度约为16m，平均高度约3.5m，平均宽度约4.3m。石门隧道的成功开凿，在我国隧道历史上具有重要意义。进入中世纪之后，隧道主要是用于开矿和军事。在17世纪和18世纪，随着运输业的发展和工程炸药的应用，交通隧道的修建工程蓬勃发展。进入19世纪后，随着铁路工程的发展，铁路隧道数量也逐渐增多。20世纪以来，汽车技术突飞猛进，汽车运输量不断增加，公路隧道的数量也随之增多。公路隧道按照其所在的位置，可以分为山体隧道、水底隧道和城市隧道；按照隧道埋置的深度，可以分为浅埋隧道和深埋隧道。

公路隧道的机械通风方式有全横流式通风、半横流式通风、纵流式通风以及混合式通风。城市浅埋公路隧道与一般公路隧道不同，市内隧道多属于浅埋式隧道，该类型隧道传统的通风方式是采用射流风机通风，但这种方式造成隧道内部噪声高，行车环境差，又消耗大量的运行电力。顶部开口的城市浅埋公路隧道自然通风是一项绿色节能技术，可以在运营工况下进行自然通风，在火灾工况下进行自然排烟，而完全抛弃机械通风与机械排烟设备的方案，依赖自然通风保障隧道内空气环境和排烟安全，降低隧道初投资，并节约大量运行成本。该技术已在国内城市建设中应用，但是尚未形成规律性的设计方法。

第 2 章　公路隧道通风及火灾实验平台

2.1　隧道通风及火灾实验相似理论

由于在实际公路隧道中进行通风及火灾实验对正常的交通有着较大的影响，所以在大多数的条件下，都采用小尺寸模型实验来进行相关研究工作。而明确其相似关系，是开展模型实验研究的前提[12-14]。本书关注的是隧道内的气流和烟气流动。行驶车辆引发隧道内的空气流动，而烟气流动是一种复杂的浮力驱动流，浮力效应和惯性力共同作用[12, 15]。所以，本书中的相似理论分为运动车辆引发的带有间歇性垂直脉动的纵向流动相似，以及热浮力和惯性力耦合作用下的火灾烟气流动和热力相似。

2.1.1　公路隧道内的纵向流动相似

公路隧道中的气流速度远小于音速，故可以在实验中将空气当作理想气体处理，而忽略其可压缩性[16]。在公路隧道空间中建立笛卡儿随体坐标系（图 2.1.1），沿隧道长度方向为 x 轴，沿着隧道宽度方向为 y 轴，沿隧道的垂直方向为 z 轴。

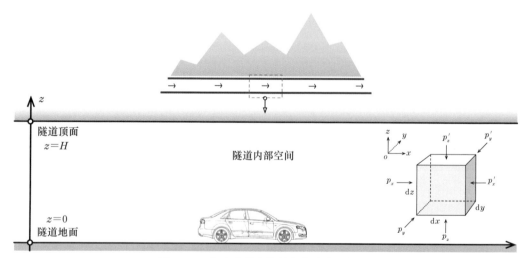

图 2.1.1　公路隧道中的笛卡儿直角坐标系

基于上述假设，针对不可压缩且各向同性的隧道内气流，采用黏性不可压缩流体的 Navier-Stokes 方程式（2.1.1）～式（2.1.3）和连续性方程式（2.1.4）描述其流场的动量和质量[12]。

$$\frac{\partial u_x}{\partial t} + u_x\frac{\partial u_x}{\partial x} + u_y\frac{\partial u_x}{\partial y} + u_z\frac{\partial u_x}{\partial z} = f_x - \frac{1}{\rho}\frac{\partial p}{\partial x} + \nu\nabla^2 u_x \quad (2.1.1)$$

$$\frac{\partial u_y}{\partial t} + u_x\frac{\partial u_y}{\partial x} + u_y\frac{\partial u_y}{\partial y} + u_z\frac{\partial u_y}{\partial z} = f_y - \frac{1}{\rho}\frac{\partial p}{\partial y} + \nu\nabla^2 u_y \quad (2.1.2)$$

$$\frac{\partial u_z}{\partial t} + u_x\frac{\partial u_z}{\partial x} + u_y\frac{\partial u_z}{\partial y} + u_z\frac{\partial u_z}{\partial z} = f_z - \frac{1}{\rho}\frac{\partial p}{\partial z} + \nu\nabla^2 u_z \quad (2.1.3)$$

$$\frac{\partial u_x}{\partial x} + \frac{\partial u_y}{\partial y} + \frac{\partial u_z}{\partial z} = 0 \quad (2.1.4)$$

其中，u_x、u_y 和 u_z 分别是流体在 x、y 和 z 方向的速度分量；p 为压强，x、y 和 z 方向的压力分量分别为 p_x、p_y 和 p_z；f_x、f_y 和 f_z 分别是外力场在单位质量流体上施加的外力在 x、y 和 z 方向的分量；对于只在恒定重力场中的流体运动，有 $f_x = 0$，$f_y = 0$ 和 $f_z = -g$，g 为当地的重力加速度；∇ 为拉普拉斯算子（Laplace Operator），$\nabla^2 u_i = (\partial^2/\partial x^2 + \partial^2/\partial y^2 + \partial^2/\partial z^2) u_i$。

每个流场体系的特性都由 7 个物理量决定，分别为时间、速度、尺寸、黏度、重力加速度、压力和密度，记为 t、u、l、ν、g、p 和 ρ。如果两个流场体系完全相似，那么这两个流场体系中的 7 个物理量必然各自存一个比例。假设图 2.1.2 中的真实隧道流场体系和模型隧道流场体系完全相似，同时其各物理量满足以下比例关系（式 2.1.5）。

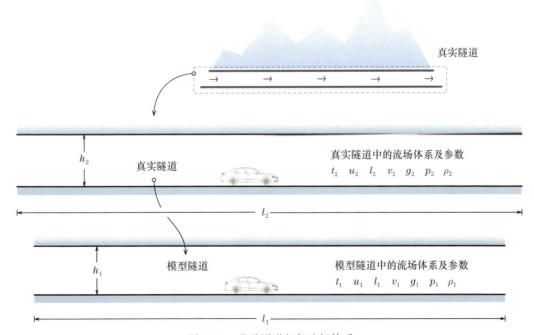

图 2.1.2　公路隧道相似流场体系

$$\frac{t_1}{t_2}=C_t \quad \frac{u_1}{u_2}=C_u \quad \frac{l_1}{l_2}=C_l \quad \frac{\nu_1}{\nu_2}=C_\nu \quad \frac{g_1}{g_2}=C_g \quad \frac{p_1}{p_2}=C_p \quad \frac{\rho_1}{\rho_2}=C_\rho \quad (2.1.5)$$

将以上比例系数代入动量方程和连续性方程（式2.1.1～式2.1.4），方程必然成立。于是得到：

$$\frac{C_u}{C_t}\frac{\partial u_x}{\partial t}+\frac{C_u^2}{C_l}\left(u_x\frac{\partial u_x}{\partial x}+u_y\frac{\partial u_x}{\partial y}+u_z\frac{\partial u_x}{\partial z}\right)=C_g f_x-\frac{C_p}{C_\rho C_l}\frac{1}{\rho}\frac{\partial p}{\partial x}+C_\nu\frac{C_u}{C_l^2}\nu\nabla^2 u_x \quad (2.1.6)$$

$$\frac{C_u}{C_t}\frac{\partial u_y}{\partial t}+\frac{C_u^2}{C_l}\left(u_x\frac{\partial u_y}{\partial x}+u_y\frac{\partial u_y}{\partial y}+u_z\frac{\partial u_y}{\partial z}\right)=C_g f_y-\frac{C_p}{C_\rho C_l}\frac{1}{\rho}\frac{\partial p}{\partial y}+C_\nu\frac{C_u}{C_l^2}\nu\nabla^2 u_y \quad (2.1.7)$$

$$\frac{C_u}{C_t}\frac{\partial u_z}{\partial t}+\frac{C_u^2}{C_l}\left(u_x\frac{\partial u_z}{\partial x}+u_y\frac{\partial u_z}{\partial y}+u_z\frac{\partial u_z}{\partial z}\right)=C_g f_z-\frac{C_p}{C_\rho C_l}\frac{1}{\rho}\frac{\partial p}{\partial z}+C_\nu\frac{C_u}{C_l^2}\nu\nabla^2 u_z \quad (2.1.8)$$

$$\frac{C_u}{C_l}\left(\frac{\partial u_x}{\partial x}+\frac{\partial u_y}{\partial y}+\frac{\partial u_z}{\partial z}\right)=0 \quad (2.1.9)$$

对比式（2.1.4）和式（2.1.9），由于式（2.1.4）已经成立，所以，无论C_u/C_l的值为多少，式（2.1.9）必然成立。换言之，流体流动的连续性方程对相似流场体系的各参数比例没有限制条件。所以说，两个流场体系相似的参数限制条件只来源于动量方程。

对比式（2.1.1）～式（2.1.3）和式（2.1.6）～式（2.1.8），可以得出，方程中各项前的比例系数必然相等。于是有式（2.1.10）。

$$\frac{C_u}{C_t}=\frac{C_u^2}{C_l}=C_g=\frac{C_p}{C_\rho C_l}=C_\nu\frac{C_u}{C_l^2} \quad (2.1.10)$$

将式（2.1.10）两边同除以C_u^2/C_l，得到式（2.1.11）。

$$\frac{C_l}{C_t C_u}=1=\frac{C_g C_l}{C_u^2}=\frac{C_p}{C_\rho C_u^2}=\frac{C_\nu}{C_l C_u} \quad (2.1.11)$$

将式（2.1.5）代入式（2.1.11）得到：

$$\frac{l_1}{t_1 u_1}=\frac{l_2}{t_2 u_2} \quad (2.1.12)$$

$$\frac{g_1 l_1}{u_1^2}=\frac{g_2 l_2}{u_2^2} \quad (2.1.13)$$

$$\frac{p_1}{\rho_1 u_1^2}=\frac{p_2}{\rho_2 u_2^2} \quad (2.1.14)$$

$$\frac{\nu_1}{l_1 u_1}=\frac{\nu_2}{l_2 u_2} \quad (2.1.15)$$

前面的阐述已经表明，流场体系参数有 7 个，而关系式却只有 4 个（式 2.1.12～式 2.1.15），无法独立求得其各自的比例系数。这表明，这些流体参数之间必然是存在耦合关系的。所以，在实验中能够自行决定比例的流体参数只有 3 个。将（式 2.1.12～式 2.1.15）变换形式，得到斯特劳哈尔数、弗劳德数、欧拉数和雷诺数 4 个相似准则数。

$$\frac{ut}{l} = \text{Sh} \quad \text{斯特劳哈尔数（Strouhal number）} \quad (2.1.16)$$

$$\frac{u^2}{gl} = \text{Fr} \quad \text{弗劳德数（Froude number）} \quad (2.1.17)$$

$$\frac{p}{\rho u^2} = \text{Eu} \quad \text{欧拉数（Euler number）} \quad (2.1.18)$$

$$\frac{ul}{\nu} = \text{Re} \quad \text{雷诺数（Reynolds number）} \quad (2.1.19)$$

下面推导公路隧道流场模型实验相似条件。如两个流体系统是完全相似的，那么这两个流体系统的流体参数必须同时满足上述的四个相似准则，即：

$$F(\text{Sh}, \text{Fr}, \text{Eu}, \text{Re}) = 0 \quad (2.1.20)$$

从力学相似的角度来看，如果两个流场系统在对应位置所受到的同种作用力方向相同，且大小成同一比例，则这两个流场系统满足动力相似。公路隧道中的流场流动主要受黏性力、压力和惯性力的综合作用。

在仅仅考虑黏性力、压力和惯性力这三种力的情况下，要使得作用力的分解三角形相似，只需要满足两条边成比例且夹角相等即可（图 2.1.3）。也就是说，只要两个流场系统在对应位置上的惯性力和黏性力成同一比例，则该对应位置上的压力也自然成比例。换言之，要得到力学相似，只要两个流场系统在对应位置满足惯性力和黏性力的比例相同即可[13, 14, 17-19]。而在四个相似准则中，雷诺数表征的就是惯性力和黏性力的比例关系。所以，只要满足雷诺数相等，两个流场系统便达到了力学相似。

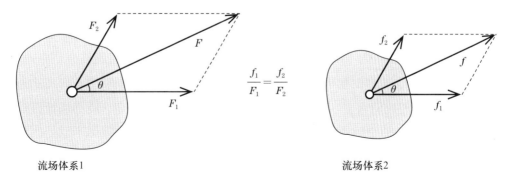

图 2.1.3　流场体系的力学相似

这说明，对于仅考虑黏性力、压力和惯性力三者作用的流动情况，雷诺准则和几何尺寸比例准则是独立准则，欧拉准则是非独立准则，依托独立准则而存在。所以，不必专门将欧拉准则作为流场相似的独立的判据，即：

$$F(\text{Sh}, \text{Re}) = 0 \tag{2.1.21}$$

下面通过 Navier-Stokes 方程进一步论证其正确性，列出 y 方向和 z 方向的 Navier-Stokes 方程，如式（2.1.22）和式（2.1.23）所示。

$$\frac{\partial u_y}{\partial t} + u_x\frac{\partial u_y}{\partial x} + u_y\frac{\partial u_y}{\partial y} + u_z\frac{\partial u_y}{\partial z} = -\frac{1}{\rho}\frac{\partial p}{\partial y} + \nu\nabla^2 u_y \tag{2.1.22}$$

$$\frac{\partial u_z}{\partial t} + u_x\frac{\partial u_z}{\partial x} + u_y\frac{\partial u_z}{\partial y} + u_z\frac{\partial u_z}{\partial z} = g - \frac{1}{\rho}\frac{\partial p}{\partial z} + \nu\nabla^2 u_z \tag{2.1.23}$$

在 z 方向，对式（2.1.22）求偏导，在 y 方向，对式（2.1.23）求偏导，得到式（2.1.24）和式（2.1.25）。

$$\frac{\partial}{\partial z}\left(\frac{\partial u_y}{\partial t}\right) + \frac{\partial}{\partial z}\left(u_x\frac{\partial u_y}{\partial x} + u_y\frac{\partial u_y}{\partial y} + u_z\frac{\partial u_y}{\partial z}\right) = -\frac{1}{\rho}\frac{\partial}{\partial z}\left(\frac{\partial p}{\partial y}\right) + \nu\frac{\partial}{\partial z}\left(\nabla^2 u_y\right)$$
$$\tag{2.1.24}$$

$$\frac{\partial}{\partial y}\left(\frac{\partial u_z}{\partial t}\right) + \frac{\partial}{\partial y}\left(u_x\frac{\partial u_z}{\partial x} + u_y\frac{\partial u_z}{\partial y} + u_z\frac{\partial u_z}{\partial z}\right) = -\frac{1}{\rho}\frac{\partial}{\partial y}\left(\frac{\partial p}{\partial z}\right) + \nu\frac{\partial}{\partial y}\left(\nabla^2 u_z\right)$$
$$\tag{2.1.25}$$

将式（2.1.24）和式（2.1.25）相减，得到式（2.1.26）。

$$\left[\frac{\partial}{\partial z}\left(u_x\frac{\partial u_y}{\partial x} + u_y\frac{\partial u_y}{\partial y} + u_z\frac{\partial u_y}{\partial z}\right) - \frac{\partial}{\partial y}\left(u_x\frac{\partial u_z}{\partial x} + u_y\frac{\partial u_z}{\partial y} + u_z\frac{\partial u_z}{\partial z}\right)\right]$$
$$+ \left[\frac{\partial}{\partial z}\left(\frac{\partial u_y}{\partial t}\right) - \frac{\partial}{\partial y}\left(\frac{\partial u_z}{\partial t}\right)\right] = \nu\left[\frac{\partial}{\partial z}\left(\nabla^2 u_y\right) - \frac{\partial}{\partial y}\left(\nabla^2 u_z\right)\right] \tag{2.1.26}$$

式（2.1.26）只包含流场中的一种物理参数，即速度 u，该方程的单值求解取决于流场的边界条件。这说明，可以不依赖压力场而单纯地研究流场的速度场。这也从另一个方面说明，欧拉准则是非独立准则。

综上所述，在考虑流场动态发展的公路隧道流场的模型实验中，只需要考虑斯特劳哈尔数（Sh）和雷诺数（Re）相似准则。当实验流体介质和原型流体介质相同时，欲满足 Re 数相等，速度的比例和模型几何比例互为倒数。假设模型的几何尺寸为原型的 1/10，即几何比例为 1:10；那么，要使得两者满足流动相似，就必须使得模型隧道中产生 10 倍于原型隧道的高速气流。但是这样的速度，不仅破坏了原始的相似条件，而且模型实验也根本无法达到。所幸的是，自模现象为缩尺模型实验实现流场的部分相似提供了可能[12, 18, 19]。而且，在公路隧道中，由于运动车辆的存在，隧道内的气流受到了比单纯壁面粗糙大得多的扰动。图 2.1.4 是激光片光源下展现的行驶车辆对隧道内底层气流的强烈扰动。

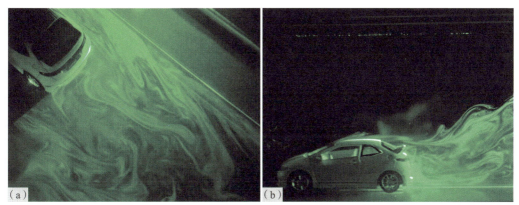

图 2.1.4　运行车辆对隧道底层气流的强烈扰动
（a）水平流场切面；（b）垂直流场切面

2.1.2　公路隧道内的烟流热力相似

本书主要关注的是隧道内的烟气流动情况，火焰及燃烧区域内的流动和热力参数并非本书的研究重心。基于以上考虑，在本书的火灾模拟实验设计中采用以下 6 个基本假设[16, 20-22]。

（1）将燃烧的火焰近似为强热源诱导的高温浮射流；

（2）不考虑火焰及烟气对周围空气的热辐射传热影响；

（3）烟气热浮力影响采用 Boussinesq 假设近似，即 $\rho_0 - \rho = \beta(T_0 - T)$；

（4）不考虑烟气和空气的可压缩性，烟气和空气的热物理性质相同；

（5）由于热扩散、黏性耗散、压力功等对烟气流动的影响较小，故不考虑这些因素的影响；

（6）不考虑火灾的燃烧过程及伴随的化学反应引起的烟气成分变化。

于是，公路隧道火灾烟气输运方程简化为如下形式。

连续性方程为：

$$\frac{\partial \rho}{\partial t} + \frac{\partial (\rho u_x)}{\partial x} = 0 \quad (2.1.27)$$

动量方程为：

$$\frac{\partial (\rho u_x)}{\partial t} + \frac{\partial (\rho u_x u_y)}{\partial x} = -\frac{\partial p}{\partial x} + \rho g + \frac{\partial}{\partial x}\left[\mu\left(\frac{\partial u_x}{\partial y} + \frac{\partial u_y}{\partial x}\right)\right] - \frac{2}{3}\frac{\partial}{\partial x}\left(\mu\frac{\partial u_x}{\partial x}\right) \quad (2.1.28)$$

能量方程为：

$$\frac{\partial(\rho C_p T)}{\partial t} + \frac{\partial}{\partial x}(\rho u C_p T) = \frac{\partial}{\partial x}\left(\lambda \frac{\partial T}{\partial x}\right) + \frac{\partial p}{\partial t} + \Phi \qquad (2.1.29)$$

$$\Phi = \mu\left[2\left(\frac{\partial u}{\partial x}\right)^2 + 2\left(\frac{\partial v}{\partial y}\right)^2 + 2\left(\frac{\partial w}{\partial z}\right)^2 + \left(\frac{\partial u}{\partial y} + \frac{\partial v}{\partial x}\right)^2 \right.$$
$$\left. + \left(\frac{\partial u}{\partial z} + \frac{\partial w}{\partial x}\right)^2 + \left(\frac{\partial v}{\partial z} + \frac{\partial w}{\partial y}\right)^2\right] - \frac{2}{3}\mu\left(\frac{\partial u}{\partial x} + \frac{\partial v}{\partial y} + \frac{\partial w}{\partial z}\right)^2 \qquad (2.1.30)$$

状态方程为：

$$p = \rho RT \qquad (2.1.31)$$

隧道壁面的导热方程为，其中下标 w 表示壁面。

$$\left(\frac{\rho c}{\lambda}\right)_w \frac{\partial T_w}{\partial t} = \frac{\partial^2 T_w}{\partial x_w^2} \qquad (2.1.32)$$

在此基础上，对流动微分控制方程进行无量纲处理。取定性参数为，特征长度 L、特征速度 u_0、特征时间 τ、特征密度 ρ_0、特征压强 $\rho_0 u_0^2$、特征温度 T_0、特征动力黏度 μ_0、特征导热系数 λ_0、特征比热 C_{p0}、特征热膨胀系数 β。引入无量纲参量，用上标*表示。

$$x_i^* = \frac{x_i}{L}; \quad u^* = \frac{u}{u_0}; \quad \rho^* = \frac{\rho}{\rho_0}; \quad T^* = \frac{T}{T_0}; \quad t^* = \frac{t}{\tau_0}; \qquad (2.1.33)$$
$$p^* = \frac{p}{\rho_0 u_0^2}; \quad \lambda^* = \frac{\lambda}{\lambda_0}; \quad C_p^* = \frac{C_p}{C_{p0}} \quad \beta^* = \frac{\beta}{\beta_0}$$

将式（2.1.33）代入控制方程，得到如下形式。

连续性方程为：

$$\frac{\partial \rho^*}{\partial t^*} + \frac{\partial(\rho^* u^*)}{\partial x^*} = 0 \qquad (2.1.34)$$

动量方程为：

$$\frac{\partial(\rho^* u_x^*)}{\partial t^*} + \frac{\partial(\rho^* u_x^* u_y^*)}{\partial x^*} = -\frac{\partial p^*}{\partial x^*} - \frac{Gr}{Re^2}\beta^* T^* g^* + \frac{1}{Re}\left\{\frac{\partial}{\partial x^*}\left[\mu^*\left(\frac{\partial u_x^*}{\partial y^*} + \frac{\partial u_y^*}{\partial x^*}\right)\right]\right.$$
$$\left. - \frac{2}{3}\frac{\partial}{\partial x^*}\left(\mu^*\frac{\partial u^*}{\partial x^*}\right)\right\} \qquad (2.1.35)$$

能量方程为：

$$\frac{\partial\left(\rho^* C_p^* T^*\right)}{\partial t^*} + \frac{\partial(\rho^* u^* C_p^* T^*)}{\partial x^*} = \frac{1}{PrRe}\frac{\partial}{\partial x^*}\left(\lambda^*\frac{\partial T^*}{\partial x^*}\right) + Ec\frac{\partial p^*}{\partial t^*} + \frac{Ec}{Re}\Phi^*$$
$$(2.1.36)$$

状态方程为：

$$p^* = \frac{1 - C_u/C_p}{\text{Ec}} \rho^* T^* \quad (2.1.37)$$

在上述方程中，包含四个基本的无量纲参数，分别为：雷诺数 Re、普朗特数 Pr、埃克特数 Ec 和格拉晓夫数 Gr。其中，Gr/Re^2 是密度修正的弗诺德数 Fr。

$$\text{Fr} = \frac{\text{Gr}}{\text{Re}^2} = \frac{gL}{V_0^2} \frac{\Delta T}{T} \quad (2.1.38)$$

要使火灾烟气模型实验与原型火灾完全相似，就需要同时满足以上 4 个相似准则数。但在实际情况下，我们无法做到同时满足这 4 个相似准则数，只能根据不同的研究侧重点选用不同的相似准则。本书主要关注的是隧道内的烟气流动情况，所以选用的是弗诺德相似准则。因为弗诺德数（Fr）体现的是惯性力和重力之比。弗诺德模拟主要用于模拟受浮力驱动的烟气羽流的流动和传热问题，而且模拟实验可以在常压下进行。

但是采用弗诺德相似性模拟时，不能同时保证模拟实验和实际现场实验中的雷诺数相等。因此在选择隧道模型尺寸的时候，应保证烟气流动可以达到充分发展状态，使流动进入阻力平方区，以减少影响。在通常情况下，某一项研究只是关注模型实验中的局部的流动特性，而非所有区域的流动特性。因此在设计实验时，只需要保证这些局部区域中的流动能达到充分发展即可开展实验。

2.1.3 公路隧道模型实验主导相似准则

根据上面的分析可知，影响隧道内烟气流动和扩散的相似准则有：Pe、Re 和 Fr。但是要在实验中同时满足 Pe、Re 和 Fr 这三个相似准则，是非常困难的，甚至是不可能实现的。在大多数的研究中也没有必要满足所有的相似准则。实际上，我们只需要保留对所研究现象起决定性作用的准则即可，而其他非主导性相似准则则可以在满足一定的条件之后舍去。比如，当雷诺数达到一定的数值后，雷诺数的改变已经几乎不影响流场性质。所以在流场进入自模区后，可以舍去雷诺相似约束[12]。

弗诺德准则 Fr 是表征惯性力与重力之间的比值关系，是影响热烟气与冷空气在分界面上传热传质和流动过程的重要参数。相对其他准则而言，Fr 准则的意义更为重要，是本实验的主导相似准则。

$$\text{Fr} = \frac{gL}{u_0^2} \frac{\Delta T_0}{T_0} \quad (2.1.39)$$

其中，L 为特征尺寸，m；u_0 为特征速度，m/s；T_0 为特征温度，K；ΔT_0 为特征温差，K。

随道中的火灾燃烧而伴随的烟气流动可以视作强热源诱导下的受迫对流问题。而且在公路隧道中，研究表明，只要 $\text{Re} \geqslant 25000$，火灾烟气将进入流动自模区。同理，

只要保证瑞利数 $Ra \geqslant 8 \times 10^6$，火灾烟气将进入热力自模区。从而实现模型与原型的流动和热力相似[12]。

此外，由于运动车辆的存在，隧道内的流动受到了比单纯壁面粗糙大得多的扰动（图 2.1.5）。实验研究表明[23, 24]，当 $Re \geqslant 2600$，公路隧道中的流场即进入阻力平方区。本实验模型的特征长度取为模型车辆高度。对于 1∶10 的环形实验平台而言，特征长度取为模型隧道高度 $L = 0.5\text{m}$，要使得隧道内流场达到自模区，$Re = u_0 L/\nu \geqslant 2600$，特征流速（车速）$u_0 = \nu Re/L \geqslant 0.078\text{m/s}$。对于 1∶36 的传送带实验平台而言，特征长度 $L = 0.14\text{m}$，要使得隧道内流场达到自模区，$Re = u_0 L/\nu \geqslant 2600$，特征流速（车速）$u_0 = \nu Re/L \geqslant 0.273\text{m/s}$。

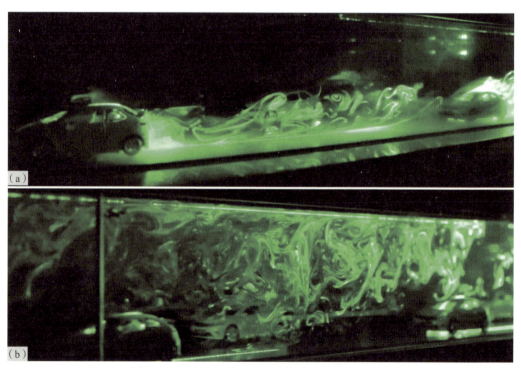

图 2.1.5　运行车辆的尾流及其对隧道内流场的扰动
（a）隧道底面附近的气流扰动；（b）隧道顶面及中部的气流扰动

从相似理论的推导和论证中可以看出，在模型几何相似的前提下，流场系统的运动相似是流场系统动力相似的外在表现。在模型几何相似的前提下，使得模型中的流场进入阻力平方区，是获得与原型隧道相似流场的唯一条件[19]。

2.2　公路隧道模型实验平台

本书在研究中先后建立了两个实验平台：(1) 缩尺比例为 1∶10 的车辆自驱动公

路隧道通风及火灾实验平台,该平台利用汽车的自身动力在隧道中行驶,可以模拟隧道中真实的车辆运动,但是行车状态不能得到精确控制。(2)缩尺比例为1∶36的机械传动公路隧道通风及火灾实验平台,该平台利用机械传动,从而带动隧道内的车辆运动,从而实现了对隧道内车速的精确控制,也实现了实验中车辆的长时间运动。两个实验平台的分别介绍如下。

2.2.1 车辆自驱动隧道实验平台

按照真实城市浅埋公路隧道5m的平均高度计算,该模型公路隧道按照1∶10的几何比例进行设计。该实验平台是一个三车道的环形隧道,包括两条30m长的直线隧道和两端内径2.8m,外径5.2m的弧形隧道(图2.2.1)。模型公路隧道截面为矩形,隧道截面净高500mm,隧道总宽度1.2m,每个车道的宽度为0.4m。顶部设置可活动的透明盖板,适应多种工况测试,适用常规隧道及顶部开口自然通风隧道的模型实验研究。模型隧道两侧用厚度为4.5mm的透明玻璃钢围护,用于模拟隧道的两侧壁面,隧道模型中各接缝处均做密封处理。整个环形隧道置于高度为350mm的钢架之上,钢架底部设置减震垫(图2.2.2)。

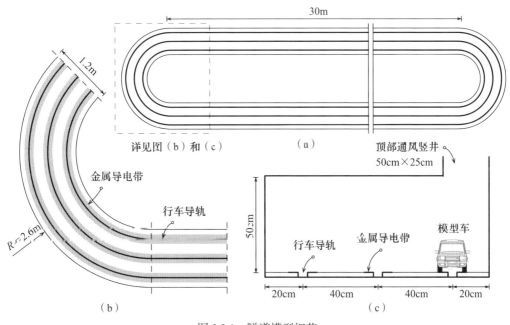

图 2.2.1 隧道模型细节
(a)俯视图;(b)局部细节;(c)模型隧道横截面

模型隧道路面用厚度为20mm的复合板敷设,中间嵌入三条行车导轨,行车导轨间距为400mm。导轨两侧贴导电金属带,可为模型车辆提供连续电源。该实验平台中的车辆模型采用缩尺比例为1∶10的真实车辆模型。模型车长480mm、车高200mm、车宽200mm。在实验前在模型车底盘设置导杆，模型车放在轨道上时，导杆插入导轨，以便控制行车路径。再对模型车的供电系统加以改造，在模型车底盘加设两个铜质电刷，之后去掉模型车内的蓄电池，将电机的正负两极导线延长，并连接至车底的两个铜质电刷。在模型车行驶时，金属导电带和电刷接触，为模型车连续供电，免除模型车充电的麻烦，以便实现长时间的连续测试（图2.2.3）。两条金属导电带之间的电压由变压器控制，可以通过改变输入电压，调整模型车辆的行驶速度。

图 2.2.2　模型隧道照片　　　　图 2.2.3　隧道模型及隧道内的模型车辆

该公路隧道实验平台的优点在于每一辆模型车都具备独立的驱动系统，与实际隧道中车辆的行驶情况最为相似；其缺点在于每一辆模型车的电机功率并非完全相同，实验前需对模型车辆的驱动系统进行逐一的调试，以便长时间行车实验测试时保持基本一致的车速，避免撞车现象的发生。即便如此，前后模型车相撞现象在实验中还是时有发生。

2.2.2　机械传动隧道实验平台

公路隧道机械传动实验平台为双车道模型，模型隧道的截面尺寸为220mm×140mm，模型隧道总长度8m，顶部设置可活动的顶板，适用常规隧道及顶部开口自然通风隧道的模型实验研究，且开口尺寸可以根据实验工况自行调节。实际公路隧道的平均高度约为5m，该模型隧道的几何比例为约为1∶36（图2.2.4）。

滚轮由变速电机带动，传送带绕滚筒回转，从而带动模型车辆在隧道内连续运行。传送带表面光滑，尽量降低对隧道流场的干扰。模型隧道路面用光滑大理石铺砌，以减少路面和传送大之间的摩擦。隧道两侧各有一个直径为260mm的滚筒，滚筒由位于一端的变速电机带动，可使隧道内模型车辆的速度在0～4.5m/s内无级变速（图2.2.5、图2.2.6）。

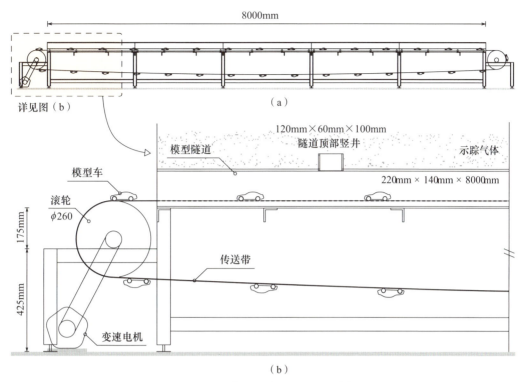

图 2.2.4 机械传动公路隧道实验平台构造

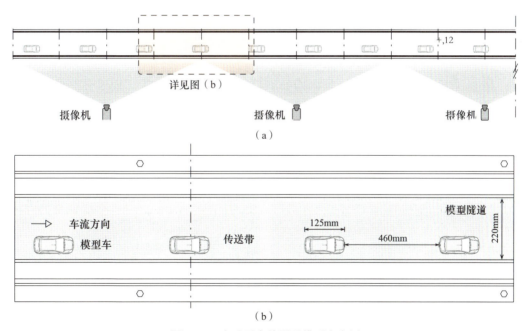

图 2.2.5 实验平台俯视及模型车布置
（a）模型隧道俯视图；（b）模型车辆布置

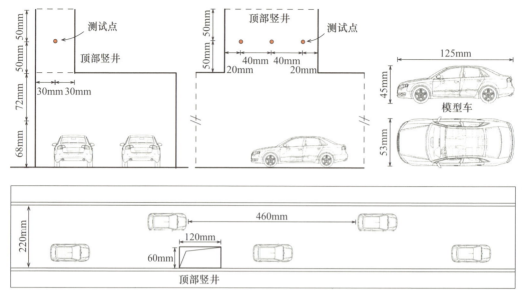

图 2.2.6 模型隧道截面及模型车

模型车尺寸为 125mm×53mm×45mm，用柔性连接固定在传动带表面，以便顺利通过滚筒的弧面。模型车在两车道上均匀错落布置，车间距可以按照实验工况要求进行调整（图 2.2.7～图 2.2.9）。模型隧道两侧用玻璃围合，便于观测，接缝处做密封处理。顶部设置可活动的玻璃顶板，以适应不同的实验要求。整个模型隧道置于 600mm 高的平台上，平台脚座设置减震垫。隧道两侧设置半导体激光器，结合示踪气体，可以显示隧道流场。

本实验所使用的设备主要有流场显示设备、数据测量设备、记录存储设备、图像采集设备。主要仪器有：（1）风速传感器，精度：±0.5% 满量程，反应时间 0.2s（图 2.2.10、图 2.2.12）；（2）微压差传感器，精度：±0.5% 满量程，反应时间 0.02～0.04s；（3）数据采集器（图 2.2.11）；（4）半导体片状激光器（图 2.2.13、图 2.2.14）。

图 2.2.7 模型实验平台照片（局部）

图 2.2.8 实验中采用的模型车

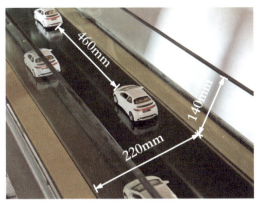

图 2.2.9　公路隧道内部及模型车布置

图 2.2.10　顶部竖井风速探头布置

图 2.2.11　模拟量输入模块

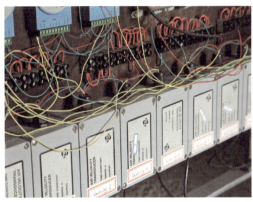

图 2.2.12　风速传感器

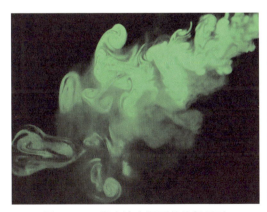

图 2.2.13　激光片光源下的流场显示

图 2.2.14　激光片光源下的隧道流场

该公路隧道模型的优点在于可以实现隧道内模型车辆的长时间连续运行，且可以通过改变电机输入频率，调整模型车的运行速度；其缺点是车辆并非自身在隧道内行驶，而是通过传送带运行，运行的传送带对隧道内的流场有一定的影响。由于汽车底盘的粗糙高度较大及前车的尾流影响，底盘与地面之间的气流紊流强烈，路面边界层较薄。因此，用运动的传送带替代固定不动的路面对隧道中整体的流场影响较小。

2.3 隧道通风及烟气流场可视化方案

2.3.1 可视化方案的选择

在流体实验中，流场的可视化是一种重要的研究手段。流场可视化可以将肉眼不可见的流动现象和流动信息，转化为可以直接感知的流场图案。

按照流体流动的物理学原理，可以把流体的可视化技术分为两类：第一类是将微小的固体、液体或气体引入研究流体中，这些微小的粒子将随着被研究流体一起运动。之后，借助光学技术来观察流体质点的流动图像。此类方法需在流场中加入其他介质，但直观简便是最为常见的流场可视化方案，我们称之为粒子示踪法。

第二类是利用透过流场的光线，在不同流场状态下的折射特性。从而显示出带有流场状态的光影图像；再通过对该折射光影图像的研究，从而推断出流场的流动特性。此类方法无需在流场中加入其他介质，对流场无干扰，仅根据流场的物理性质来实现可视化，但是该方法的最终结果不够直观，需要研究人员对光影图像做二次处理。这种方法我们称之为光学显示法[25,26]。

本研究采用的是第一类方法，即粒子方踪法。主要原因有以下几个方面：

（1）火灾烟气本身并非纯粹的气体，烟气中夹带着大量的烟尘固体颗粒。即流体中本身就有固体颗粒的存在；

（2）火灾烟气实验并非一般的等温流体实验，流场中不同区域存有较大的温度和密度差异。在此类情况下，光学显示法会产生较大的误差；

（3）火灾烟气实验中的火焰为亮度极高的光源，对折射光束有着较大的干扰，这将导致光学显示法分辨效果不理想，甚至在部分亮度较高的区域完全失效。

在公路隧道烟气模拟实验中，隧道内已有烟尘微颗粒，无需再增加另外的示踪颗粒。下层空气的流场显示方法，应与烟气流场显示方法保持一致，以便获得一致的流场分析结论。故在单纯下层空气的流动可视化中采用粒子示踪法，并以烟尘颗粒作为示踪粒子，设置方案如图 2.3.1 所示。

当研究关注的是顶部竖井内的流场时，采用示踪气体从顶部流入的方式［图 2.3.1（a）和图 2.3.1（b）］，此时示踪气体会顺着隧道内的气流从顶部开口自由流入隧道。点那个研究的重点是隧道内部的流场时，可以将示踪气体从隧道入口处引入，顶部开口连接大气［图 2.3.1（c）］。下面进行该方案的相关论证。

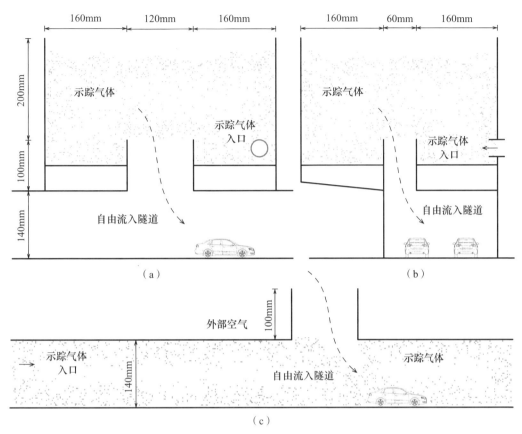

图 2.3.1 实验平台中的示踪气体设置方案
（a）纵向剖面；（b）横向剖面；（c）整体视图

2.3.2 可视化方案的科学性论证

采用示踪粒子对流场进行可视化处理时，各类示踪粒子能跟得上流体的运动，能无差别地显示研究流体的运动流场，这是首要问题。只有满足良好的跟随性问题，才能正确地反映流体的运动变化。示踪粒子的跟随性问题，其本质是一种两相流问题。粒子的流体运动跟随性主要反映在粒子的沉浮性和粒子的频率响应时间两个方面[25, 27]，下面分别进行论述。

（1）粒子的沉浮性

为了简化问题，我们做如下假设：

（i）示踪粒子为球形小颗粒；

（ii）示踪粒子的粒径微小，加入待研究流体后，浓度低，对流体运动的干扰和影响可以忽略不计。各示踪粒子之间也不存在相互作用；

（iii）流体的运动仍满足 N-S 方程。

在流场中，示踪粒子运动的雷诺数远小于 1，满足 Stokes 流动条件，可以按照

Stokes 方程来计算其在流体中的沉速。

$$V_p = \frac{\rho_s - \rho}{18\mu} g d^2 \quad (2.3.1)$$

其中，V_p 为示踪粒子相对于流体的沉浮速度，m/s；ρ_s 为示踪粒子的密度，kg/m³；ρ 为流体的密度，kg/m³；g 为当地的重力加速度，m/s²；μ 为流体的动力黏滞系数，kg·s/m²；d 为示踪粒子的粒径。

根据上面的论述，在实验中，将烟气粉尘作为示踪粒子。烟气粉尘的粒径一般为 0.02~0.2mm，烟尘的密度（包含其中的孔隙）约为 $\rho_s = 100\text{kg/m}^3$，空气密度为 $\rho = 1.293\text{kg/m}^3$，代入式（2.3.1）中可以得到，烟尘的沉速约为 0.021~2.13mm/s。该实验的平均空气流速约为 0.5m/s。于是烟尘的沉速是流体平均流速的 0.0043%~0.436%，小于 0.5% 的精度要求[28]，故以该粒径的烟尘作为示踪粒子是满足要求的。

（2）示踪粒子频率响应时间

Mersi 和 Alexandel 对流体中示踪粒子的运动情况开展了大量的研究，认为示踪气体在流体中的阻力系数 C_x 随着雷诺数 Re 的幂级数而变化：

$$C_x = K_0 + K_1/\text{Re} + K_2/\text{Re}^2 \quad (2.3.2)$$

当示踪粒子的例径足够小时，Re ≪ 1。此时，上式可以简化为 $C_x = 24/\text{Re}$，即：$K_0 = K_2 = 0$。

忽略微粒在流体中的重力和浮力的影响，粒子的运动方程可以描述为：

$$M_p \frac{\mathrm{d}u_p}{\mathrm{d}t} = C_x \rho_f (u_f - u_p)^2 S_p/2 \quad (2.3.3)$$

其中，$M_p = \pi D_p \rho_p /6$ 为粒子的质量，D_p 为粒子的直径，ρ_p 为粒子的密度，u_p 为粒子的运动速度，u_f 为流体的运动速度，S_p 为粒子的截面积。

综合式（2.3.2）和式（2.3.3），可以得到：

$$\frac{\mathrm{d}u_p}{\mathrm{d}t} = \frac{18\mu_f}{\rho_p D_p^2}(u_f - u_p) \quad (2.3.4)$$

对式（2.3.4）进行积分，得到：

$$u_p = \int \frac{\mathrm{d}u_p}{\mathrm{d}t}\mathrm{d}t = u_f[1 - \text{Exp}(kt_0 - kt)] + u_{p0}\text{Exp}(kt_0 - kt) \quad (2.3.5)$$

其中，$k = 18\mu/\rho_p D_p^2$。且当 $t = t_0$，$u_p = u_{p0}$；当 $t_0 = 0$，$u_{p0} = 0$。代入式（2.3.5）得到：

$$u_p = u_f[1 - \text{Exp}(-t/\zeta)] \quad (2.3.6)$$

在式（2.3.6）中，ζ 被称为示踪粒子的响应时间，表达式如式（2.3.7）所示。

$$\zeta = \frac{1}{k} = \frac{\rho_p D_p^2}{18 u_f} \quad (2.3.7)$$

在本次实验中，对于粒径 0.02～0.2mm 的烟尘微粒，其在空气中的响应时间为 0.0022～0.22ms。可见，烟尘粒子作为示踪粒子，其响应时间是非常快的。粒子随流体运动时，其速度响应将遵从指数变化规律。当 $t = 10\zeta$ 时，$u_p = 99995\% u_f$。也就是说，经过 10ζ 的时间，示踪粒子的运动和流体已经没有差别了。

至此，我们已经论证了烟尘作为示踪粒子在本实验中的可行性，而且用烟主作为本实验的示踪粒子也是十分经济的。在此基础上，配合片状激光就可以清晰地显示出激光照射部位的流场。

图 2.3.2～图 2.3.7 是实验中流场的可视化效果。图 2.3.2 显示的是模型隧道内行驶车辆的尾流；图 2.3.3 显示的是在设有顶部开口的隧道内，车辆行驶经过顶部开口下方时的隧道内流场；图 2.3.4 显示的是车辆运行时，隧道顶部开口内的流场；图 2.3.5 显示的是隧道顶部开口对隧道内烟气的抽吸作用；图 2.3.6～图 2.3.7 显示的是隧道内的火灾烟气流场。

图 2.3.2 行驶车辆的尾流

图 2.3.3 设有顶部开口的隧道内流场

图 2.3.4 隧道顶部竖井内的流场

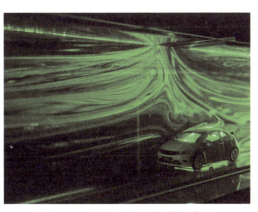
图 2.3.5 顶部开口的烟气抽吸作用

图 2.3.6　火灾下的公路隧道烟气流场显示　　　　图 2.3.7　火焰附近的烟气流场显示

2.4　本章小结

行驶车辆引发隧道内的空气流动，而烟气流动是一种复杂的浮力驱动流，浮力效应和惯性力共同作用。本书中的相似理论分为运动车辆引发的带有间歇性垂直脉动的纵向流动相似，以及热浮力和惯性力耦合作用下的火灾烟气流动和热力相似。

对于运动车辆引发的带有间歇性垂直脉动的纵向流动相似而言，只需要考虑雷诺（Re）相似准则。对于热浮力和惯性力耦合下的烟气流动和热力相似而言，需要满足弗诺德（Fr）相似准则。但是要在实验中同时满足以上两种准则是非常困难的，甚至是不可能实现的。在大多数的研究中也没有必要满足所有的相似准则。实际上，我们只需要保留对所研究现象起决定性作用的准则即可，而其他非主导性相似准则则可以在满足一定的条件之后舍去。比如，当雷诺数达到一定的数值后，雷诺数的改变已经几乎不影响流场性质。所以在流场进入自模区后，可以舍去雷诺相似约束。弗诺德准则是影响热烟气与冷空气在分界面上传热传质和流动过程的重要参数。相对其他准则而言，其意义更为重要，是本实验的主导相似准则。

由于运动车辆的存在，隧道内的流动受到了比单纯壁面粗糙大得多的扰动。实验研究表明，当 Re ≥ 2600，公路隧道中的流场即进入阻力平方区。对于 1∶10 的环形实验平台而言，特征长度取为模型隧道高度 $L = 0.5\text{m}$，要使得隧道内流场达到自模区，$Re = u_0L/\nu \geq 2600$，特征流速（车速）$u_0 = \nu Re/L \geq 0.078\text{m/s}$。对于 1∶36 的传送带实验平台而言，特征长度 $L = 0.14\text{m}$，要使得隧道内流场达到自模区，$Re = u_0L/\nu \geq 2600$，特征流速（车速）$u_0 = \nu Re/L \geq 0.273\text{m/s}$。

粒子的流体运动跟随性主要反映在粒子的沉浮性和粒子的频率响应时间两个方面。在本实验中，将烟气粉尘作为示踪粒子。烟气粉尘的粒径一般为 0.02～0.2mm，烟尘的密度（包含其中的孔隙）约为 $\rho_s = 100\text{kg/m}^3$，空气密度为 $\rho = 1.293\text{kg/m}^3$，代入式（2.3.1）中可以得到，烟尘的沉速约为 $0.021\sim2.13\text{mm/s}$。本实验的平均空气流速约为 0.5m/s。于是烟尘的沉速是流体平均流速的 $0.0043\%\sim0.436\%$，小于 0.5% 的精度要求。此外，其在空气中的响应时间为 $0.0022\sim0.22\text{ms}$。可见，烟尘粒子作为示踪粒子，其响应时间是非常快的。故以该粒径的烟尘作为示踪粒子是满足要求的。

第3章 公路隧道流场的建立与发展

3.1 公路隧道流场中的能量演化

3.1.1 隧道中的能量传递和耗散

运动车辆是隧道内空气流动的动力来源。在隧道的底部，空气与运动汽车直接接触并获得最初的动能。由于流体粘性的存在，底层流层的动量逐渐向上传递，从而带动上层流层的流动。公路隧道中的能量传递和耗散是隧道流场分布的基础。能量传递和耗散极大地影响着隧道中流场地湍流强度、热量传递和气体污染物地分布等。虽然流场的能量传递和耗散以被大家熟知，但是其机理及特性的研究还是寥寥无几。而且在剪切流场中的能量传递和能量耗散，Navier-Stokes方程也没有给出明确的解。但是，非稳定Couette流中的能量梯度和能量耗散研究可以为本书的研究提供一些理论上的借鉴和参考。

在隧道剪切流中，由于流层之间的流体粒子的动量交换产生了湍流剪切应力，湍流剪切应力的存在又是能量耗散和速度分布的基础。假设在剪切流场中有两个流层 a 和 b，如图 3.1.1 所示。a 层中的一个流体粒子，它的速度为 u，体积为 ΔV。于是，其动能为 $1/2\rho\Delta V u^2$。假设在一个偶然的扰动下，这个流体粒子运动跃至 b 层，然后马上和 b 层的粒子掺混，并由此得到了 b 层流体的各类运动参数。由于流体粒子与 b 层的流体粒子发生了动量交换，流体粒子的速度和动能也将随之变化。于是，我们可以发现，在垂直速度的方向，有着一个能量梯度。

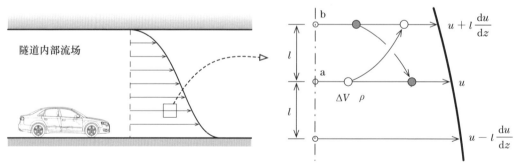

图 3.1.1 两流层间流体粒子的动量交换

在这个过程中，ΔE 由 a 层传给 b 层，然后被耗散，如式（3.1.1）所示。

$$\Delta E = \frac{1}{2}\rho \Delta V \left(l\frac{\mathrm{d}u}{\mathrm{d}z} \right)^2 \qquad (3.1.1)$$

根据 Prandtluber 的混合长度理论[29]，式（3.1.1）可以写成式（3.1.2）。

$$\frac{\Delta E}{\Delta V} = \frac{1}{2}\tau_t = \frac{1}{2}\mu_t \frac{\mathrm{d}u}{\mathrm{d}z} \qquad (3.1.2)$$

从式（3.1.2）可以看出，在剪切流中，能量传递和能量耗散正比与剪切应力τ和速度梯度的平方$(\mathrm{d}u/\mathrm{d}z)^2$。

能量传递的方向与速度梯度的方向相反。在湍流剪切流中，能量总是从高速区域向低速区域传递，然后在涡流中耗散。在一个稳定的系统中，局部能量传输和耗散应该相等。当能量的传递量高于能量的耗散量时，局部流体将被加速，反之则减速。在公路隧道中，移动车辆是隧道流场发展的能量来源。在公路隧道的底部，空气通过与行驶中车辆的直接相互作用，得到初始动能。因为流体的粘度和流层之间的动量交换的现存在，能量被逐渐向上传送，于是上层流场开始移动。

公路隧道内的空气可以看成不可压缩流体，而且在连续和单向车流下，沿隧道方向（x轴）的流动特性可以近似为相同。因此，物理量，如压力和速度，随时间的平均值在x方向上不发生变化。取流场中一个微元体，如图3.1.2所示。根据能量守恒定律，由于湍流应力而造成的能量耗散和能量输入是相等的，有如下方程：

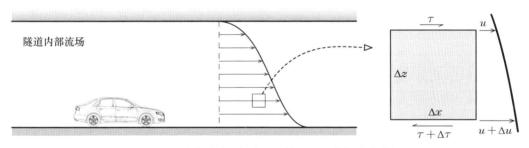

图 3.1.2　公路隧道流场中的流体微元即剪切应力分析

$$\mathrm{d}\left(p + \frac{1}{2}\rho u^2 + \rho gz \right) = \mathrm{d}W - \mathrm{d}E \qquad (3.1.3)$$

其中，E是单位体积流体在单位时间内沿着流动方向的能量耗散，W是单位流体在单位时间内得到的能量。

对于隧道中的流场而言，$\mathrm{d}p=0$，而且$\mathrm{d}(\rho gz)=0$。于是，我们可以得到式（3.1.4）

$$\mathrm{d}W = \mathrm{d}E + \frac{1}{2}\rho (\mathrm{d}u)^2 \qquad (3.1.4)$$

假设流体微元上表面和下表面的剪切应力分别为τ和$\tau+\Delta\tau$。于是，在经过时间

dt 之后，流体单元下表面的能量损失为：

$$B_1 = (\tau + \Delta\tau)\Delta x \Delta y (u + \Delta u)\mathrm{d}t \qquad (3.1.5)$$

同时，流体单元上表面的能量增量为：

$$B_2 = \tau \Delta x \Delta y u \mathrm{d}t \qquad (3.1.6)$$

因此，作用在此流体单元上的静能量为：

$$\Delta B = B_1 - B_2 = \Delta x \Delta y \mathrm{d}t (\tau \Delta u + u \Delta \tau + \Delta \tau \Delta u) \qquad (3.1.7)$$

然而，速度分布沿流线的垂直方向会发生变化。因此，单位体积流体的能量耗散也将在整个宽度方向变化。当经过时间 dt，流体流过的距离为 dx。于是有：

$$\Delta V = \left(u + \frac{1}{2}\Delta u\right)\Delta y \Delta z \mathrm{d}t \qquad (3.1.8)$$

因此，沿着流场方向流过了距离 Δx 后，单位体积流体消耗的能量为：

$$\Delta E = \frac{\Delta B}{\Delta V} = \frac{\Delta x(\tau \Delta u + u \Delta \tau + \Delta \tau \Delta u)}{\left(u + \frac{1}{2}\Delta u\right)\Delta z} \qquad (3.1.9)$$

忽略二次微小量，式（3.1.9）变为：

$$\Delta E = \frac{\Delta x(\tau \Delta u + u \Delta \tau)}{u \Delta z} \qquad (3.1.10)$$

于是，单位体积流体在流经单位长度后的能量耗散为：

$$\frac{\Delta E}{\Delta x} = \frac{\tau}{u}\frac{\Delta u}{\Delta z} + \frac{\Delta \tau}{\Delta z} \qquad (3.1.11)$$

由于空气的连续性和均匀性，空气微元可以分割得无限小。于是，流体在单位时间内的能量耗散率为式（3.1.13）。

$$\frac{\mathrm{d}E}{\mathrm{d}x} = \frac{\tau}{u}\frac{\mathrm{d}u}{\mathrm{d}z} + \frac{\mathrm{d}\tau}{\mathrm{d}z} \qquad (3.1.12)$$

将式（3.1.13）代入式（3.1.4）得到：

$$\frac{\mathrm{d}W}{\mathrm{d}x} = \frac{\tau}{u}\frac{\mathrm{d}u}{\mathrm{d}z} + \frac{\mathrm{d}\tau}{\mathrm{d}z} + \frac{1}{2}\rho\frac{(\mathrm{d}u)^2}{\mathrm{d}x} \qquad (3.1.13)$$

因为 dx = dudt，代入上式得到：

$$\underbrace{\frac{\mathrm{d}W}{\mathrm{d}x}}_{\Delta W} = \underbrace{\frac{\tau}{u}\frac{\mathrm{d}u}{\mathrm{d}z} + \frac{\mathrm{d}\tau}{\mathrm{d}z}}_{\Delta E} + \underbrace{\frac{1}{2}\rho\frac{\mathrm{d}u}{\mathrm{d}t}}_{\Delta K} \qquad (3.1.14)$$

其中，ΔW 代表的是车辆传递给单位体积空气的总能量，这部分总能量在流场中演化为两个部分，一部分被流体吸收，转化为其自身的动能增量；另一部分则在湍流中耗散。ΔE 代表的是流场中因湍流而耗散的能量，ΔK 代表的是流场中流体的动能增量。

3.1.2 公路隧道流场能量演化与分布

运动车辆传给空气的能量在流场中演化为两个部分。一部分被流场吸收，转化为流场本身的动能；另一部分在湍流中被耗散。流场中的能量转化无法用仪器设备直接测得，这部分的分析只能基于前文所提出的流场能量平衡方程。将隧道流场分布公式代入能量耗散公式和动能增量公式，可以得到隧道流场中能量的演化过程。图 3.1.3~图 3.1.6 分别为车速为 2m/s 和 4m/s 时，流场在各个时刻的动能增量分布曲线和能量耗散分布曲线。

在车流刚刚启动的初始时刻，流场中能量耗散和动能的增量最大（图 3.1.3、图 3.1.5）。当 $t = 3s$ 时，流场的发展高度约为 0.26m，流场最高点的动能增量在两类车速下分别为 0.10J/（m³·m）和 0.21J/（m³·m）。流场能量耗散在两类车速下的最小值分别为 0.0062J/（m³·m）和 0.024J/（m³·m）。可见此时，在流场顶部和底部的小范围内，能量用于耗散是主要的；而在其他区域，车辆传递给流场的能量主要用来提升气流的流速。

随着流场的发展，能量耗散和动能的增量逐渐降低。在整个隧道空间中，瞬时能量耗散主要集中在流场的顶部和底部，沿隧道高度呈不对称的"U"字形分布（图 3.1.4、图 3.1.6 和图 3.1.7）。在流场的底部和顶部，速度梯度较大，从而导致了在该处的能量耗散也较大。在流场的中部区域，速度梯度较小，能量耗散也相应较小。在流场发展到隧道顶部之前，气流的瞬时动能增量随隧道高度增加（图 3.1.3、图 3.1.5 和图 3.1.7）。这说明，隧道上层气流的速度增长较下层要快。

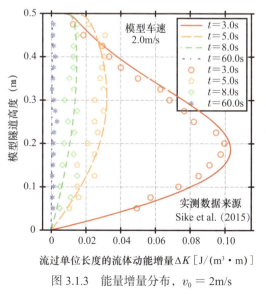

图 3.1.3 能量增量分布，$v_0 = 2$m/s

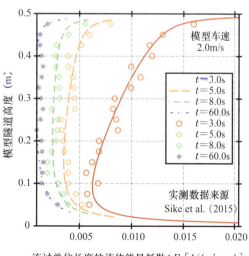

图 3.1.4 能量耗散分布，$v_0 = 2$m/s

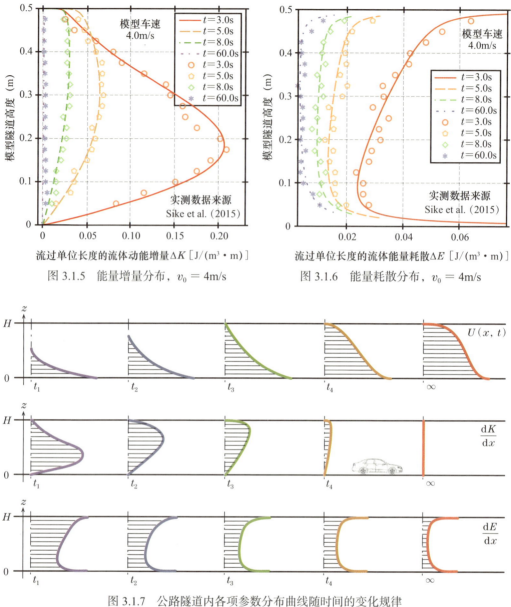

图 3.1.5　能量增量分布，$v_0 = 4\text{m/s}$

图 3.1.6　能量耗散分布，$v_0 = 4\text{m/s}$

图 3.1.7　公路隧道内各项参数分布曲线随时间的变化规律

当流场进一步发展，流场逐渐趋于稳定。在此过程中，能量耗散也趋于稳定，在空间中仍呈不对称的"U"字形分布。稳定状态下，流场能量耗散在两类车速下的最小值分别为 $4.23×10^{-4}\text{J}/(\text{m}^3·\text{m})$ 和 $1.40×10^{-3}\text{J}/(\text{m}^3·\text{m})$。与之前不同，当流场发展到隧道顶部后，由于隧道顶面的限制，流场中动能增量的分布曲线已然发生变化。理论计算表明，在距离模型隧道顶面约 30mm 处出现极值点。在该点的下方空间，流场的动能增量随高度增加，在该点的上方空间内，流场的动能增量急剧下降，在壁面处到达零。随着流场趋于稳定，整个空间中的流场动能增量趋向于零。

3.2 公路隧道流场的建立与稳态特性

行驶的车辆是公路隧道中气流运动的能量来源，但任意相邻汽车之间的空置距离使得公路隧道中的流场特点不同于地铁列车隧道活塞风，加之车辆运行的不规则性，诸多因素导致隧道内气流流场复杂。

通过理论分析和小尺寸实验的方法，深入了解隧道底层运动车辆所形成的流场的特点，对隧道流场进行结构分区。根据流场的特点对隧道流场进行二维简化，针对各个流场分区，建立二维恒定的公路隧道紊流雷诺方程，引入普朗特掺混长度和范德里斯公式，解得公路隧道内各个分区内的流场分布公式[29]。根据流场速度在整个隧道空间内的连续性和可导性，求解得到流场中的湍流剪切应力。

通过实验测试，充分了解公路隧道内流场的建立和发展过程，并将流场的发展规律抽象为数学公式，最终建立公路隧道流场的发展方程。结合理论分析的结果，搭建公路隧道自然通风实验平台，针对不同的车流状态（不同的车速、不同的车距等）制定实验方案，之后，选定测试断面，确定测试断面上的测点分布形式。最后对测得的数据进行误差分析，并和理论分析结果进行相互验证，并修正理论方程。

3.2.1 公路隧道流场稳态模型

当细长管道的长度和管径的比值大于20，可以忽略管道径向的流场差异，而将管道内部的流场视为二维流动[30]。本研究针对的对象是公路隧道，公路隧道的长度和截面尺寸的比例完全符合该要求。此外，由于公路隧道内底层气流紊流强烈，路面附近的速度边界层较薄。所以，路面的运动状态对隧道中整体的流场影响极小。此外，一般的公路隧道还具有以下几点因素：（1）隧道长度远大于隧道的水力直径，而且在单向隧道中，当连续不断的车流经过隧道时，沿隧道方向，各处流场具有一致性；（2）在一般的行车速度下，由于汽车底盘的粗糙高度较大及前车的尾流影响，底盘与地面之间的气流紊流强烈，路面边界层较薄；（3）在一般的交通状况下，隧道的内壁可以认为是水力光滑壁面。

所以，本书将公路隧道的流场简化为沿着隧道长度方向和高度方向的二维流场，并且认为隧道地面随着车辆一起运动，和运动车辆具有相同的速度。在这样的假设条件下，隧道内运行的车辆相当于固定在运动路面上的物体。于是，公路隧道内的流场可以看成有限空间内由粗糙垫面平移而产生的拖拽流动，即由粗糙平板平移而引起的Couette流动（图3.2.1）。

在大空间中行驶的车辆所形成的流场一般分为两个流层，即底层流场和上层流场。底层流场是一个强紊流流场，上层流场是大空间内的自由发展流场。而公路隧道是一个狭长的有限空间，运行车辆所形成的上层流场必然要受到隧道顶部的限制和影响。所以，在公路隧道中，本书将隧道流场分为三个流场结构。上层流场主要受隧道顶部壁面的影响，本书称之为壁面影响区。中部流场主要受行驶车辆的影响，本书称之为车辆影响区。底部流场具有很强的紊流强度，本书称之为紊流底层（图3.2.2）。

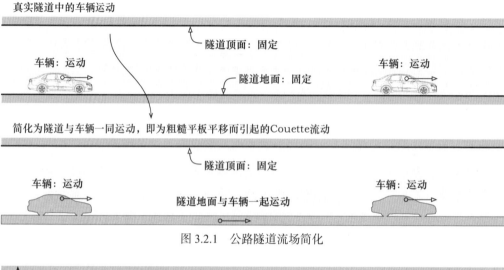

图3.2.1 公路隧道流场简化

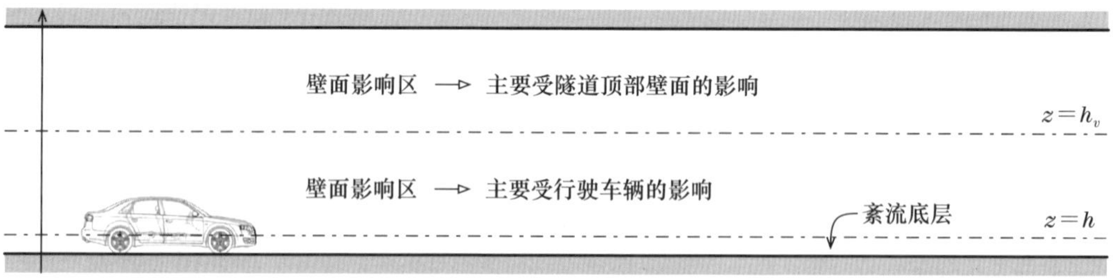

图3.2.2 公路隧道流场分区

（1）壁面影响区流场分布模型

在隧道空间中建立笛卡儿直角坐标系，以公路隧道顶面，为垂直方向的坐标零点，向下为正。沿隧道长度方向为x轴，沿隧道高度方向为z轴，沿隧道宽度方向为y轴。根据上述的流场结构分区结论和二维流场假设，在壁面影响区中取一个尺寸为$dx \times dz$的二维流体微元，如图3.2.3所示。假设该微元左侧受到的压强为p，右侧受到的压强为$p + dp$。由于处于底层运动车辆作用下的隧道流场中，所以下侧面的剪切应力与流体微元的运动方向相同，记为τ，上侧面的剪切应力与流体微元的运动方向相反，记为$\tau + d\tau$。另外，记流体微元沿x方向的速度为u_x，沿z方向的速度为u_z，流体微元的密度为ρ。

建立稳态不可压缩的二维流体动量方程如式（3.2.1）和式（3.2.2）所示。

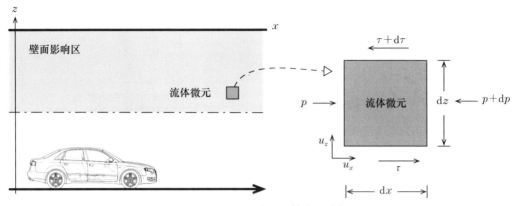

图 3.2.3 壁面影响区流体微元分析

$$u_x\frac{\partial u_x}{\partial x} + u_z\frac{\partial u_x}{\partial z} = f_x - \frac{1}{\rho}u_x\frac{\partial p}{\partial x} + \frac{\partial}{\partial z}\left(-\overline{u'^2_x}\right) + \frac{\partial}{\partial z}\left(-\overline{u'_x u'_z}\right) + \nu\nabla^2 u_x$$

（3.2.1）

$$u_x\frac{\partial u_z}{\partial x} + u_z\frac{\partial u_z}{\partial z} = f_z - \frac{1}{\rho}u_z\frac{\partial p}{\partial z} + \frac{\partial}{\partial z}\left(-\overline{u'^2_z}\right) + \frac{\partial}{\partial z}\left(-\overline{u'_x u'_z}\right) + \nu\nabla^2 u_z$$

（3.2.2）

其中，u'_x 和 u'_z 分别是流场在 x 方向和 z 方向上非恒定的小脉动量。

由于流体处于稳定状态，所以流体微元的受力必定平衡。于是得到受力平衡方程如式（3.2.3）所示。

$$p + \tau = p + \mathrm{d}p + \tau + \mathrm{d}\tau \tag{3.2.3}$$

根据隧道流场的第一条假设，得到式（3.2.4）。

$$\frac{\partial u_x}{\partial x} = 0 \quad \frac{\partial u_z}{\partial x} = 0 \quad \frac{\partial p}{\partial x} = 0 \tag{3.2.4}$$

联立方程式（3.2.1）～式（3.2.4），引入普朗特掺混长度理论和范德里斯公式，得到壁面影响区的流速分布公式（3.2.5），具体求解过程见附录。

$$u_x = \frac{1}{\kappa}\sqrt{\frac{\tau}{\rho}}\left[\ln\left(\frac{z}{\nu}\sqrt{\frac{\tau}{\rho}}\right) + C_1\right] \tag{3.2.5}$$

积分常数 C 根据壁面情况由实验确定。根据 Nayak 和 Stevens 对于隧道中行驶车辆的空气动力学阻力研究[31]，取 $C_1 = 2.04$。

（2）车辆影响区及紊流底层流场分布模型

对于公路隧道中单向匀速的车流状态，参照运动车流建立笛卡儿直角运动坐标系，以紊流底层和车辆影响区的交界面为垂直方向的坐标零点，向上为正。还是取车辆影响区中的一个流体微元进行研究，流体微元的各类参数与壁面影响区流体微元相同，这里就不再赘述，具体见图 3.2.4。

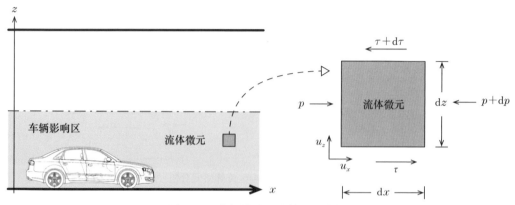

图 3.2.4 车辆影响区流体微元分析

同理得到车辆影响区中的流场分布公式（3.2.6），具体求解过程见附录。

$$u_x = v_0 - \frac{1}{\kappa}\sqrt{\frac{\tau}{\rho}}\left[\ln\left(\frac{z-h}{\epsilon}\right) + C_2\right] \quad (3.2.6)$$

其中，ϵ 为汽车表面的粗糙高度，取 $\epsilon = 1\times 10^{-6}$m。$C_2$ 为待定参数，根据 Aydin 和 Leutheusser 对于粗糙壁面的平板 Couette 流动的研究[24]，取 $C_2 = 8.5$。

此外，根据粗糙 Couette 流动零点理论，公路隧道紊流底层中的流场速度公式为：

$$u_x = v_0 \quad (3.2.7)$$

（3）顶部开口公路隧道流场的稳态模型

综上所述，以隧道路面为垂直坐标零点的直角坐标系，并统一三个流场分区的坐标系，以隧道路面为 z 轴的零点，且向上为正。得到公路隧道三个流场分区中的流场分布公式，如式（3.2.8）～式（3.2.10）和图 3.2.5 所示。

在壁面影响区中，速度分布的二维公式如式（3.2.8）所示。

$$u_1(z) = \frac{1}{\kappa}\sqrt{\frac{\tau}{\rho}}\left[\ln\left(\frac{H-z}{\nu}\sqrt{\frac{\tau}{\rho}}\right) + 2.04\right] \quad h_v \leqslant z \leqslant H \quad (3.2.8)$$

在车辆影响区中，速度分布的二维公式如式（3.2.9）所示。

$$u_2(z) = v_0 - \frac{1}{\kappa}\sqrt{\frac{\tau}{\rho}}\left[\ln\left(\frac{z-h}{\epsilon}\right) + 8.5\right] \quad h \leqslant z < h_v \quad (3.2.9)$$

在紊流底层，速度分布公式如式（3.2.10）所示。

$$u_3(z) = v_0 \quad 0 \leqslant z < h \quad (3.2.10)$$

其中，u 为隧道中给定点的时均速度；v_0 为车速；κ 为 Karman 常数，$\kappa = 0.4$；τ 为隧道流场中的剪切应力。ρ 为空气密度；H 为隧道高度；ν 为空气的动力黏滞系数。

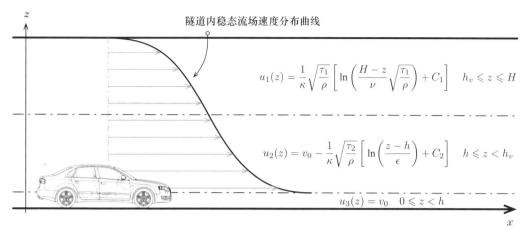

图 3.2.5　公路隧道流场的流速分布

（4）公路隧道流场中的剪切应力

式（3.2.8）、式（3.2.9）和式（3.2.10）已经给出了公路隧道流场的流速分布公式，但是其中还有两个参数未知。这两个参数分别为：壁面影响区和车辆影响区的交界面高度 h_v 和隧道流场中的空气剪切应力 τ，需要进一步建立方程求解。

因为隧道空间是连续的，所以，在隧道空间内其流场流速的分布也必定是连续的。此外在隧道流场空间中，在无局部的阶跃性的外力作用下，流场的流速分布曲线也必定是可导的。于是，流速分段函数在 $y = h_v$ 点的速度值以及速度梯度值应该相等（图 3.2.6），于是得到式（3.2.11）和式（3.2.12）。

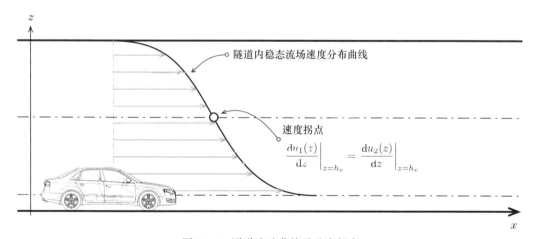

图 3.2.6　隧道流速曲线及速度拐点

$$u_1(h_v) = u_2(h_v) \tag{3.2.11}$$

$$\left.\frac{\mathrm{d}u_1(z)}{\mathrm{d}z}\right|_{z=h_v} = \left.\frac{\mathrm{d}u_2(z)}{\mathrm{d}z}\right|_{z=h_v} \tag{3.2.12}$$

将式（3.2.11）展开得到式（3.2.13）。

$$\frac{1}{\kappa}\sqrt{\frac{\tau}{\rho}}\left[\ln\left(\frac{H-h_v}{\nu}\sqrt{\frac{\tau}{\rho}}\right)+2.04\right]=v_0-\frac{1}{\kappa}\sqrt{\frac{\tau}{\rho}}\left[\ln\left(\frac{h_v-h}{\epsilon}\right)+8.5\right]$$

(3.2.13)

且在 $z=h_v$ 处,有:

$$\frac{\mathrm{d}\left\{\frac{1}{\kappa}\sqrt{\frac{\tau}{\rho}}\left[\ln\left(\frac{H-z}{\nu}\sqrt{\frac{\tau}{\rho}}\right)+2.04\right]\right\}}{\mathrm{d}z}=\frac{\mathrm{d}\left\{v_0-\frac{1}{\kappa}\sqrt{\frac{\tau}{\rho}}\left[\ln\left(\frac{z-h}{\epsilon}\right)+8.5\right]\right\}}{\mathrm{d}z}$$

(3.2.14)

联立式(3.2.13)和式(3.2.14)求解,两个方程,两个未知数,可以得到剪切应力 τ 和 h_v 的表达式,如式(3.2.15)和式(3.2.16)所示。

$$\tau=\rho\left\{\frac{\rho v_0\kappa}{\mathrm{LambertW}\left[\mathrm{e}^{10.54}\frac{(H-h)^2 v_0\kappa}{4\epsilon\nu}\right]}\right\}^2$$

(3.2.15)

$$h_v=\frac{H+h}{2}$$

(3.2.16)

其中,LambertW(x)代表的是方程 $w\cdot\mathrm{e}^w=x$ 的解。

3.2.2 公路隧道稳态流场特性

在稳定的状态下,均匀连续的车流在公路隧道内形成的流场为一条"S"形的双对数曲线(图3.2.7)。在车辆影响区的底层空气流速最大,随着高度的增加,气流速度逐渐降低。流速沿高度呈对数变化,流速分布在车辆影响区内呈现一条下凹的曲线。在车辆影响区和壁面影响区的交界面上,出现流速分布曲线的拐点,随着隧道高度的增加,流速继续降低。流速沿高度也呈对数变化,在壁面影响区中,由于受到隧道顶部壁面的限制,流速分布呈现为一条上凸的曲线,在隧道顶壁表面,流场的速度降为零。图3.2.9和图3.2.10展示的分别是在高度为0.5m的模型公路隧道中,当模型车速为2m/s和4m/s时,隧道内的流场流速分布曲线。

根据Schubauer[32]和Klebanoff[33]的结论,当壁面边界层厚度 d 满足 $0<d<0.1h$ 时,湍流剪切应力在近壁边界层是一个恒定值。在公路隧道,此微小的厚度可以被认为是20mm,湍流剪应力随公路隧道的高度呈现抛物线变化(图3.2.8)。当 $z=(H+h)/2$,剪切应力达到其最小值。

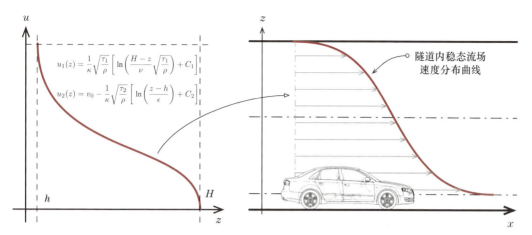

图 3.2.7 公路隧道流场稳态理论分布

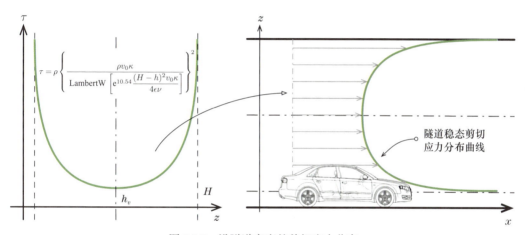

图 3.2.8 沿隧道高度的剪切应力分布

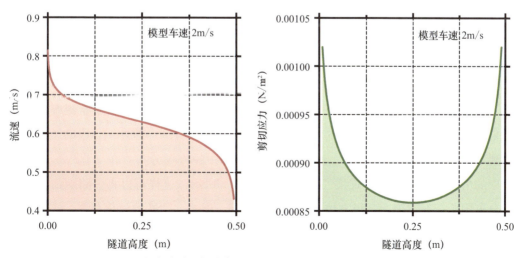

图 3.2.9 公路隧道中的稳态流速及剪切应力分布（模型车速 2m/s）

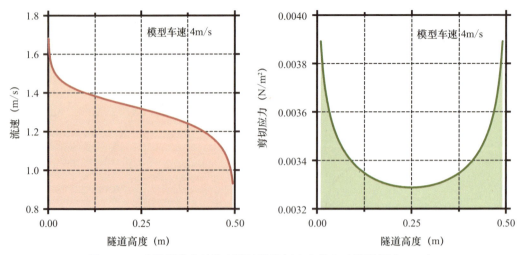

图 3.2.10　公路隧道中的稳态流速及剪切应力分布（模型车速 4m/s）

高度对剪切应力的影响是有限的。图 3.2.9 和图 3.2.10 展示的分别是在高度为 0.5m 的模型公路隧道中，当模型车速为 2m/s 和 4m/s 时，隧道内的流场剪切应力分布曲线。当模型车速为 2m/s，壁面处的湍流剪切应力最大，约为 0.001N/m²，最小的剪切应力约为 0.00086N/m²。两者间的差别只有 0.00015N/m²。相比之下，在隧道中车辆速度对湍流剪切应力的影响要大得多。当模型车速为 4m/s，壁面处的湍流剪切应力约为 0.0039N/m²，最小的剪切应力约为 0.0033N/m²。隧道内流场的湍流剪切应力随车速增加而增大，近似正比于车速的二次方，如式（3.2.17）所示。

$$\tau = (1.98v^2 + 2.07v - 1.11) \times 10^{-4} \qquad (3.2.17)$$

公路隧道流场的湍流剪切应力随公路隧道高度呈现抛物线变化。湍流剪切应力的最大值集中在隧道的顶部和底部附近区域。湍流剪切应力的最小值出现在车辆影响区和壁面影响区的交界面上，即 $z=(H+h)/2$。但是相对于车速而言，高度对湍流剪切应力的影响十分有限。隧道中车辆速度对湍流剪切应力的影响要大得多。隧道流场的湍流剪切应力随车速做近似抛物线增加。

由于紊流底层的厚度很小，约为 0.2m，所以在很多时候可以忽略紊流底层。于是公路隧道中就保留壁面影响区和车辆影响区两个流场分区。此外，分段的风速分布需要求解拐点处的剪切应力，才能得到整个隧道中的流场分布。在工程中可以将流场中的剪切应力用拟合公式代入，如式（3.2.17）所示，这样可以将公路隧道中的流场分布用单一方程表达，极大地简化了计算过程。但是，这样的简化存在一定的误差（图 3.2.11）。

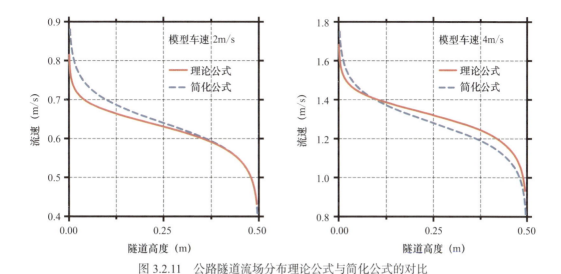

图 3.2.11 公路隧道流场分布理论公式与简化公式的对比

3.3 公路隧道流场的演化与流速分布

3.3.1 公路隧道流场演化模型

上面的理论分析已经给出了公路隧道中的稳态流场分布公式,但隧道中的流场并不是一开始就充分发展并达到稳定状态的。流场从静止到稳定,需要经历一段时间。实验测试结果已经充分说明,在初始时刻,隧道底层的空气和车流发生直接接触而发生流动。由于剪切应力的存在,动量逐层向上传递,上层气流获得动量流逐渐加速,直到稳定。随着时间的变化,公路隧道内的流场逐渐发展,并趋于稳定;在空间上,沿隧道垂直方向,流场由底层逐步向上发展。

为了观测公路隧道中流场随时间的发展情况,在公路隧道中断面设置 2 个风速传感器,距离地面分别为 0.25m 和 0.47m。车辆从静止启动,当设置模型最高车速为 2.0m/s 时,两个测试点测试数据如图 3.3.1 所示。

公路隧道内的流场速度随时间不断增大,在空间上随着隧道高度的增加不断降低。为了反映流场的发展过程,结合这两方面的特性,并基于上述实验测试数据,本书提出渐进衰减函数 $\psi(z,t)$,用于描述隧道中气流的发展过程。具体表达式如式(3.3.1)所示。

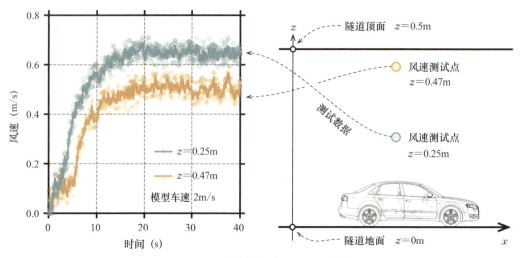

图 3.3.1 公路隧道流场发展测试数据

$$\psi(z,t) = 1 - \frac{9.6H}{t}\frac{z-h}{H-h} \quad (h \leqslant z \leqslant H; t > 0) \tag{3.3.1}$$

其中，t 为时间，当 $t=0$ 时，隧道中的车辆保持静止；当 $t>0$，隧道中的车流开始运动。

该渐进衰减系数用双曲线近似描述隧道内的速度随时间的发展规律，引入渐进衰减函数后，公路隧道中的流场分布公式就变成随时间和高度变化的二维流场发展公式。如式（3.3.2）～式（3.3.4）所示。

将式（3.3.1）与式（3.2.8）、式（3.2.9）相乘，得到公路隧道中的流场演化方程。

$$u_1(z,t) = \frac{1}{\kappa}\sqrt{\frac{\tau}{\rho}}\left[\ln\left(\frac{H-z}{\nu}\sqrt{\frac{\tau}{\rho}}\right) + 2.04\right]\psi(z,t) \quad h_v \leqslant z \leqslant H \tag{3.3.2}$$

$$u_2(z,t) = \left[v_0 - \frac{1}{\kappa}\sqrt{\frac{\tau}{\rho}}\left(\ln\frac{z-h}{\epsilon} + 8.5\right)\right]\psi(z,t) \quad h \leqslant z < h_v \tag{3.3.3}$$

$$u_3(z,t) = v_0 \quad 0 \leqslant z < h \tag{3.3.4}$$

如果采用近似方程，隧道中流场分布公式可用单一方程表示，如式（3.3.5）所示。图 3.3.2 为单向连续车流下，公路隧道流场发展及流速分布的示意图。

$$u(z,t) = \alpha\left\{\frac{u_0}{2} - \frac{1}{\kappa}\sqrt{\frac{\tau}{\rho}}\ln\left[\frac{z/H}{1-z/H}\right]\right\}\psi(z,t) \quad (t>0) \tag{3.3.5}$$

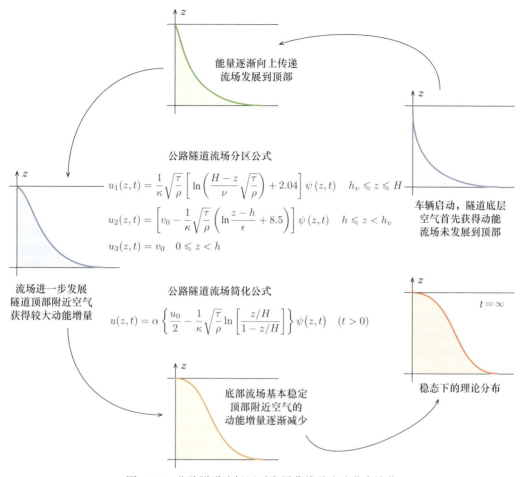

图 3.3.2 公路隧道流场逐时发展曲线及流速分布演化

3.3.2 公路隧道流场发展与分布

当隧道中的模型车速为 3m/s 时，图 3.3.3～图 3.3.6 给出了理论曲线与实测数据的对比。可以看出，隧道流场从底部开始，逐渐向上发展。在发展的初期，流场速度在短时间内迅速提升，之后放缓，并趋于稳定。在不受隧道顶壁面影响前，风速沿高度分布呈现为一条下凹的对数曲线。当流场发展到隧道顶部后，流场受到顶壁面的限制，而出现壁面影响区。随着时间的持续，整个流场趋于稳定。此时，流速在两个分区中沿高度方向均满足对数关系。

当车流开始运动时，整个隧道中的空气基本处于静止状态。隧道底层的空气首先获得动能。理论计算表明，在汽车启动的瞬间，汽车附近的空气速度可以在短时间内达到汽车速度的 42.5%。当 $t=3.0s$ 时，只有 0.3m 高度以下的探头测得有供辨识的微弱速度。

随着车流的继续运动，能量持续地由车辆传给空气，再从下层空气传给上层空气。隧道中上层的流速逐渐增大。当 $t=8s$ 时，隧道中的流场已经发展到隧道顶部，隧道中的流场速度随高度增加而降低，最大风速依旧出现在隧道底部的车辆附近。风速沿高度分布呈现为一条略微下凹的曲线（图3.3.3）。

在此之前，隧道中的气流可以看成不受隧道顶壁面的影响，与大空间中的流场发展类似。但是当流场发展到隧道顶部后，流场将受到顶壁面的限制，从而出现前文中所讲的壁面影响区（图3.3.4）。隧道上半部分的速度已明显增大，流场分布曲线已由原来的下凹曲线逐渐变成上凸曲线（图3.3.5）。但是随着时间的持续，流场中各点的流速增长速度逐渐放缓，并趋向于零，整个流场趋于稳定。此时，流速分布呈现为一条"S"形曲线（图3.3.6）。

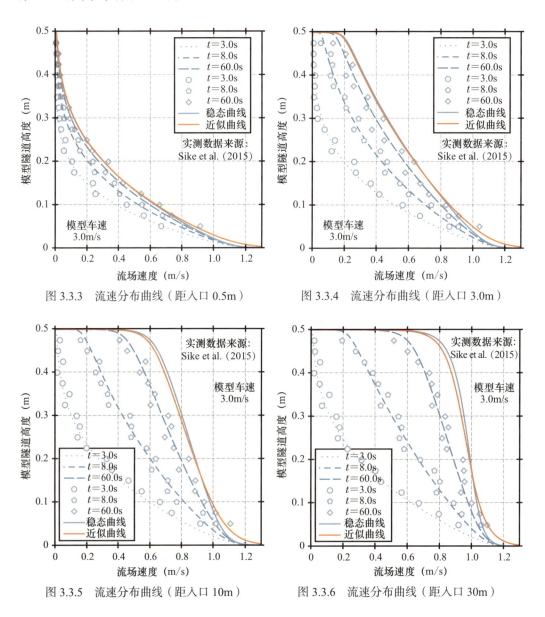

图3.3.3 流速分布曲线（距入口0.5m）　　图3.3.4 流速分布曲线（距入口3.0m）

图3.3.5 流速分布曲线（距入口10m）　　图3.3.6 流速分布曲线（距入口30m）

3.4 本章小结

运动车辆是隧道内空气流动的动力来源。在隧道的底部，空气与运动汽车直接接触并获得最初的动能。由于流体黏度和流层间动量交换的存在，能量被逐渐向上传送，从而带动上层流层的流动。一部分能量被空气吸收，用于增加气流的速度；另一部分则消耗在湍流中。流场的发展和能量传递分为两个阶段。当车辆刚开始移动时，从车辆传递而来的绝大部分能量都被用来增加气流速度。此时，能量的耗散也最大。此后，两者都逐渐减少，能量耗散趋于稳定，而动能增量则趋于零。

公路隧道中的空气流动是有限空间内车辆行驶而引发的拖拽流动。在单向连续车流作用下，公路隧道内流场的主要特点有：在稳定的状态下，均匀连续的车流在公路隧道内形成的流场为一条"S"形的双对数曲线。在车辆影响区的底层空气流速最大，随着高度的增加，气流速度逐渐降低。公路隧道流场的湍流剪切应力随公路隧道高度呈现类似抛物线变化。湍流剪切应力的最大值集中在隧道的顶部和底部附近区域。湍流剪切应力的最小值出现在车辆影响区和壁面影响区的交界面上。隧道流场的湍流剪切应力随车速做近似抛物线增加。隧道流场从底部开始，逐渐向上发展。在发展的初期，流场速度在短时间内迅速提升，之后放缓，并趋于稳定。在不受隧道顶壁面影响前，风速沿高度分布呈现为一条下凹的对数曲线。当流场发展到隧道顶部后，流场受到顶壁面的限制，而出现壁面影响区。随着时间的持续，整个流场趋于稳定。隧道中的风速随车速增加而增加，呈近似直线变化。

第4章 公路隧道流场数值模拟

4.1 公路隧道流场特性概述

空气在受到运动车辆撞击后,一部分空气向上经过发动机罩和顶盖而流向尾部;一部分在车辆的头部被阻滞,速度变为零,形成滞点;另一部分流向汽车的底部,沿挡风玻璃向上的气流具有较大的垂直速度(图4.1.1、图4.1.2)。该气流在车辆顶部与壁面分离后,将继续向上流动,扰动并卷吸上层空气。并在车顶涡流区负压的作用下,变为下卷的涡流,最终进入汽车的尾流之中。尾流处存在大量的旋涡,气流流动状态非常复杂,快速而大量的能量耗散便在此处发生。被卷吸的上层流体进入尾流后,在剧烈的涡流搅动中,迅速弥漫或掺混至隧道的下层流场中(图4.1.3)。

图4.1.1 车辆前部及侧边的气流流场　　图4.1.2 车辆上部的气流流场

图4.1.3 受行驶车辆影响下的隧道上层流场

此外,流向车辆底部的空气,由于地面摩擦的作用,其流速要比车辆两侧处低,压力比其两侧处的流场要高。于是,在行驶车辆的两侧会产生一对向上翻卷的侧向涡流。由于车辆两侧的流体具有一定的纵向速度，这一对向上翻卷的侧向涡流，在空间中形成两股螺旋的内卷涡流。其最终也被卷入车辆的尾流中[34,35]。

公路隧道中的空气流动是在有限空间内车辆行驶而引发的拖拽流动。在隧道的底部，空气与运动汽车直接接触并获得最初的动能。由于流体粘性的存在，底层流层的动量逐渐向上传递，从而带动上层流层的流动。但任意相邻汽车之间的空置距离使得公路隧道中的流场特点不同于地铁列车隧道活塞风，加之车辆运行的不规则性，诸多因素导致隧道内气流流场复杂。

4.2 适用于公路隧道流场模拟的湍流模型修正

公路隧道中的空气流动是在有限空间内车辆行驶而引发的复杂湍流。理论上来讲，运用直接数值模拟（DNS），可以获得湍流场的全部信息。但实际上，将直接数值模拟运用于高雷诺数（Re）的复杂湍流计算，需要规模巨大的计算资源。理论上估计，实现直接数值模拟的总计算量正比于 Re^3[36]。雷诺平均方法（RANS）是在给定平均运动的边界条件和初始条件下用数值方法求解雷诺方程。雷诺平均方法给出的是时均物理量，其主要优点是计算量小。但是其准确性较差，尤其在迎风面的拐角处容易出现湍流动能过大的现象[37]。

大涡模拟方法（LES）介于上述这两类方法之间。大涡模拟方法通过滤波运算将整个湍流流场尺度划分为滤波可分辨尺度和亚滤波不可辨尺度。对于滤波可分辨尺度的流体运动，用直接数值模拟（DNS）计算，而对于亚滤波尺度的流体运动，则通过构造亚滤波尺度模型来加以模拟，类似雷诺平均方法中的封闭模式。由于高雷诺数湍流的小尺度运动具有普适性，理论上存在构造不依赖于具体流动的、普适的亚滤波尺度模型的可能，因而大涡模拟被认为具有提高湍流预测精度的能力。但是，目前的亚滤波尺度模型在运用于公路隧道流场大涡模拟计算时，在车辆附近和隧道顶壁面附近表现出较大的误差。

4.2.1 公路隧道流场的亚滤波尺度模型缺陷

公路隧道内的气流十分复杂，且湍流剪切应力随公路隧道高度呈现抛物线变化，最大值集中在隧道的顶部和底部附近区域，这些都给数值计算带来了极大的困难。将各类亚滤波模型运用于公路隧道流场大涡模拟计算时，表现出较大的误差。其中，Smagorinsky 模型和混合模型运用较为普遍，故本节仅阐述这两类模型在公路隧道流场计算中的缺陷，其余各类便不再一一赘述。

在采用标准 Smagorinsky 模型模拟公路隧道湍流时，由于壁面附近强剪切应力的存在，使得计算得到的平均流剖面偏高，结果欠佳。在用动态涡黏性模型（Dynamic Smagorinsky Model，DSM）和动态混合模型（Dynamic Mixed Model，DMM）进行计算时，计算结果稍有改善，但是由于隧道流场中湍流剪切应力的分布特点，计算得到的垂直时均流速分布与实测相比仍有明显的偏高（图4.2.1）。

在近壁面处，动态涡黏性模型和动态混合模型也存在湍流强度过强，导致小尺寸涡的耗散过大问题，具体表现为平均流剖面明显偏高。Kiyosi Horiuti[38]和Jessica Gullbrand[39]的计算也证实了该结论（图4.2.2）。

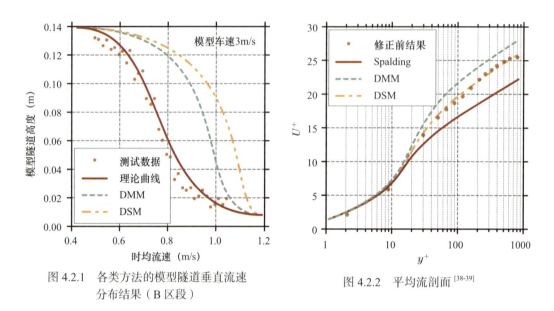

图4.2.1　各类方法的模型隧道垂直流速分布结果（B区段）

图4.2.2　平均流剖面[38-39]

综上所述，由于公路隧道中流场时均速度和湍流剪切应力的分布特点，以及隧道底部运动车辆所造成的强烈紊流，给数值计算带来了极大的困难。各类亚滤波模型运用于公路隧道流场大涡模拟计算时，都表现出较大的误差。其中，动态涡黏性模型和动态混合模型也存在小尺寸涡的耗散过大问题，具体表现为平均流剖面明显偏高。

4.2.2　适用于公路隧道流场的亚滤波尺度模型修正

本质上，湍流场中的亚滤波尺度运动对滤波可分辨尺度运动的作用是能量的传递。所以，只要亚滤波尺度模型（或亚格子模型）能够正确反应这两个尺度运动之间的能量传递过程，就可以相对准确地描述亚滤波尺度的运动规律[40]。

功能性模型是从能量平衡的角度通过涡黏性来模拟亚滤波尺度耗散。但是，由于涡黏性模型与亚滤波尺度应力之间的相关性非常低。所以，这类模型难以给出准确的亚滤波尺度应力，以至于该模型在湍流应力起重要作用的场合，如壁面流动等情形，预测结果就不够准确。但是对于顶部开口的公路隧道自然通风研究而言，其关注的是隧道顶部开口处的流场特性，所以就必然要求得到壁面及顶部开口迎风拐角处相对准确的流场参数，而这类区域又都是湍流应力起重要作用的场合。

而构造性模型则通过构造亚滤波尺度运动来得到亚滤波尺度应力。一些著名的模型（如相似性模型，逆卷积模型和速度梯度模型）在大量的计算实践中都表现出与真实应力之间高度的相关性，而且能够根据流场的参数自发地形成逆级串效应。但是，这些模型都不能产生足够的动能耗散，以平衡小尺寸涡的湍流强度。从而导致计算结果中的湍流动能偏大，平均流偏高等问题。这就是这类模型的最核心缺陷，所以，这类模型需要与涡黏性模型配合使用。

此外，湍流能量级串机制的研究表明，湍流场中的动量输运和平均动能耗散都由大尺度涡决定。大尺度涡的运动决定了从平均流向小尺度涡的能量传递速率；而小尺度涡的运动则提供了与能量传递量相匹配的动能耗散。这一事实表明，大尺度运动对小尺度运动的细节不敏感，亚滤波尺度模型的能量耗散机制的细节对大涡模拟的结果影响较小。所以，只要亚滤波尺度模型提供了恰当的动能耗散率，大尺度运动的模拟结果就能获得大致正确的统计规律[40]。

基于上述思想，本书提出了一个新的、适用于公路隧道流场特性的涡黏系数模型。在模拟公路隧道流场或相似特性的有限空间受迫流动时，可以使亚滤波尺度模型在计算中提供适当的动能耗散率，从而获得相对准确的预测结果。

标准的涡黏性模型是 Smagorinsky 模型，其形式为：

$$\nu_\tau = (c\Delta)^2 |\overline{S}| \tag{4.2.1}$$

其中，c 为常数，通常取为 0.1，$\Delta = (\Delta x \Delta y \Delta z)^{1/3}$，而 Δx、Δy 和 Δz 分别是 x、y 和 z 这 3 个方向上的网格宽度。$\overline{S}$ 为局部应变率，定义为 $\overline{S} = (2S_{ij}S_{ij})^{1/2}$，其中，$S_{ij} = (\partial u_i/\partial x_j + \partial u_j/\partial x_i)/2$。

Piomelli U、Balaras E[41] 以及 Fureby C[42] 都曾用修正函数 D 来修正壁面附近的涡黏系数 ν_τ（图 4.2.3）。从图 5 中可以看出，这两类修正函数主要针对壁面附近的剪切流场，对壁面附近的黏性系数加以限制。在壁面处均为零，随着距离的增大，其值逐渐增大，最后稳定在 1。这两类修正函数的主要差距在于其针对的范围，Piomelli U 和 Balaras E 的修正函数的影响范围为 $y^+ < 40$，Fureby C 的修正函数的影响范围为 $y^+ < 25$。而且，这两类修正函数对于壁面附近的涡粘系数 D 和动能耗散率不但没有加强，反而进行了限制。

而上述的论述已经表明，公路隧道湍流在壁面附近存在强剪切应力，小尺寸涡的强度明显增强，以致公路隧道壁面附近小尺寸涡的耗散较大。但是，模型的耗散量还不足以使之平衡。为此，在前人及本书计算结果的基础上，本书提出了新的修正函数

D 的计算方法，使之适用于公路隧道的流场特点，在本书中记为 D_n。具体的修正形式如式（4.2.2）所示，函数分布曲线如图 4.2.4 所示。

$$D_n = \left[1 - \mathrm{Exp}\left(-y^+/A^+\right)^3\right] \times \left[\frac{C_1}{\mathrm{Exp}\left(y^+/y_0^+\right)^4} + 1\right] \quad (4.2.2)$$

其中，$A^+ = 25$，$C_1 = 200$，$y_0^+ = 70$。

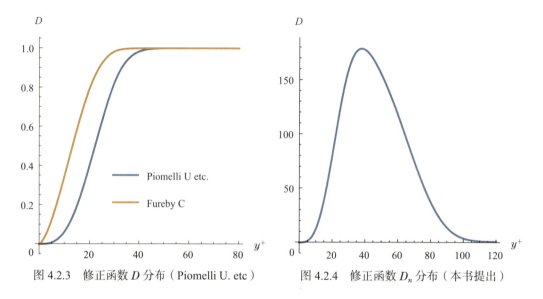

图 4.2.3　修正函数 D 分布（Piomelli U. etc）　　图 4.2.4　修正函数 D_n 分布（本书提出）

图 4.2.4 是本书给出的修正函数 D 的函数分布曲线。与 Piomelli U etc 和 Fureby C 给出的修正函数相同，在壁面处，修正函数 D 的值为零。在速度剖面的过渡层内修正函数 D 迅速增大，使得该处的流场动能耗散率得到加强。当 $y^+ = 40$ 时，修正函数 D 达到其峰值，之后逐渐降低，并趋向于 1。于是，亚滤波尺度模型的涡黏系数在速度剖面的过渡层附近得到了加强。修正后，涡黏性模型如式（4.2.3）所示。

$$\nu_\tau = (cD_n\Delta)^2 |\overline{S}| \quad (4.2.3)$$

4.3　公路隧道流场数值模拟

4.3.1　公路隧道流场大涡数值模拟

数学模型及边界条件

单车道公路隧道模型尺寸为 5m×5m×300m，汽车模型尺寸为 4.5m×1.9m×1.6m。隧道中的车辆均匀且连续运行，车速为 10m/s，车辆间距为 15.5m。隧道顶部设置 2m×2m 的开口，开口均匀布置，开口间距为 30m（图 4.3.1）。采用立方体结构化网格，网格尺寸为 5cm×5cm×5cm（图 4.3.2）。

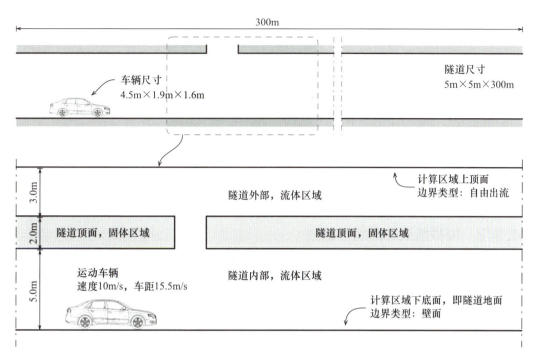

图 4.3.1 计算区域简图

图 4.3.2 车辆模型及网格

对不可压缩流动的连续方程和 Navier-Stokes 方程进行滤波，采用涡黏性假设，得到大涡模拟的控制方程。

$$\frac{\partial \overline{u}_i}{\partial x_i} = 0 \tag{4.3.1}$$

$$\frac{\partial \overline{u}_i}{\partial t} + \overline{u}_j \frac{\partial \overline{u}_i}{\partial x_j} = \frac{\partial \overline{P}}{\partial x_i} + \frac{1}{R_e} \frac{\partial}{\partial x_j} \overline{u}_i + \frac{1}{R_e} \frac{\partial}{\partial x_j} \left[\nu_\tau \left(\frac{\partial \overline{u}_i}{\partial x_j} + \frac{\partial \overline{u}_j}{\partial x_i} \right) \right] \tag{4.3.2}$$

其中，ν 为运动黏性系数，ν_τ 为涡黏系数。

对于空间中的计算采用伪谱方法，即在流向和展向做傅里叶展开，在法向用切比雪夫多项式展开。对于时间的离散，线性项采用二阶精度的隐格式，非线性项采用二阶精度的显格式。

亚滤波尺度模型采用修正后的 Smagorinsky 模型，即：

$$\nu_\tau = (cD_n\Delta)^2 |S| \tag{4.3.3}$$

D_n 为本书提出的修正函数。

计算区域顶面和隧道进出口面设为自由流动面。

4.3.2 模拟结果与准确性验证

（1）模拟结果

图 4.3.3 为隧道进口端逐时流场矢量。从图中可以看出，在隧道内车流启动的短时间内，顶部开口处会出现气流外流现象。之后，由内向外的气流现象逐渐停止，顶部开口处的流场逐渐变为由外向内的流动，并在整个模拟阶段中一直保持由外向内的流动状态。

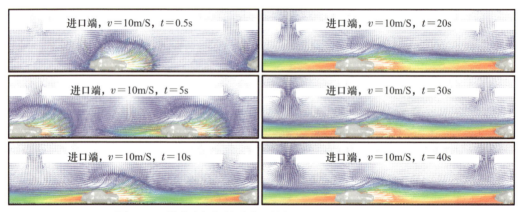

图 4.3.3　隧道流场矢量（进口端），$v = 10$m/s，$t = 0.5$s

图 4.3.4 为隧道出口端逐时流场矢量。从图中可以看出，在隧道内车流启动的短时间内，隧道顶部开口处会出现气流外流现象。之后，气流在顶部开口处上下喘动，没有出现明显的进风和出风现象。

图 4.3.5 是隧道中段逐时速度云图。每一辆行驶的汽车都能形成前后两个正负压力点，且车头部的正压和车尾部的负压总是同时出现，压力绝对值的大小相差不大。在流场发展的初期，车辆头部和尾部的压力绝对值较大，随着流场的发展，压力逐渐降低，并趋于稳定。在隧道暗埋段内，压力出现积累现象，正负压绝对值变大。在顶部开口附近，压力出现向外释放现象，正负压力值迅速降低。

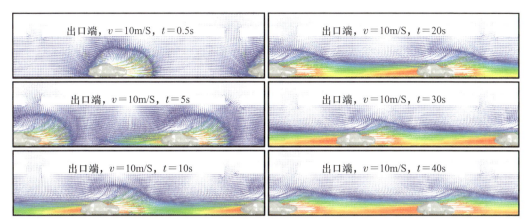

图 4.3.4　隧道流场矢量（出口端），$v = 10$m/s，$t = 0.5$s

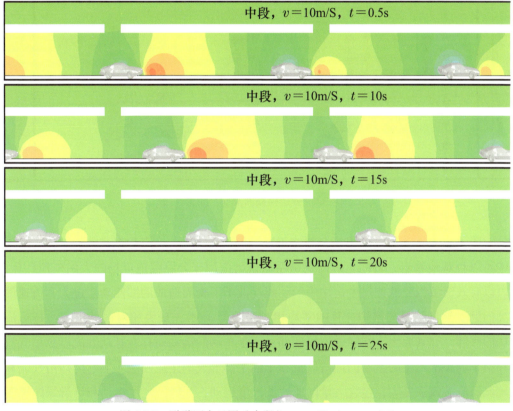

图 4.3.5　隧道压力云图（中段），$v = 10$m/s，$t = 0.5$s

（2）准确性验证

验证实验在缩尺比例为 1∶36 的公路隧道传送带实验平台上进行。风速测量在模型隧道中部截面的 5 个区段内进行，5 个测量区段分别记为 A、B、C、D、E，测点间距为 1cm（图 4.3.6）。公路隧道内的流场建立需要经历一定的时间，对于本实验平台而言，流场稳定前的发展时间约为 20s。为了获得稳定后的流场数据，测试在车辆运行 30s 后进行。每个测点持续进行 30s 的连续测试，之后取其平均值。在模拟计算中，运用本书提出的涡黏性模型，物理模型和边界条件与实验平台保持一致，平均网格间距为 0.2cm。

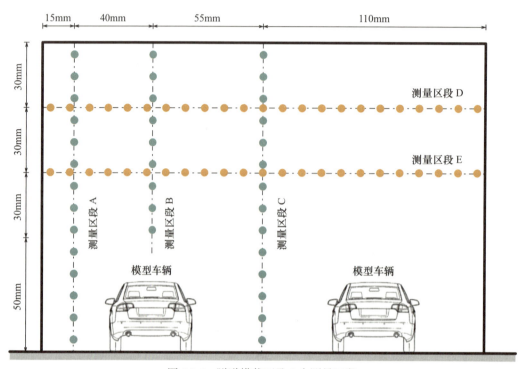

图 4.3.6 隧道横截面及 5 个测量区段

图 4.3.7～图 4.3.11 给出了公路修正后模拟计算结果与实测数据之间的对比。从图中可以直观地看出，将修正后的涡黏系数模型应用于公路隧道流场的大涡模拟计算，可以有效缓解因亚滤波尺度运动中的动能耗散不平衡而造成的湍流动能过大和流速偏高问题。测试结果与模拟计算的平均相对误差为 4.6%，最大相对误差出现在隧道流场的底部。究其原因，在隧道流场底部，由于车辆的运动而存在脉动气流。脉动气流包括车辆头部产生的上卷的冲击气流和车辆尾部形成的尾流涡流。上卷的冲击气流和尾流涡流湍流强度大，包含大量的亚滤波尺度运动，亚滤波尺度运动和可辨绿波尺度运动之间的能量传递异常复杂，所以导致了较大的计算误差和测量误差。但是总体而言，测量数据和修正后的模拟数据表现出较好的一致性。

第4章 公路隧道流场数值模拟

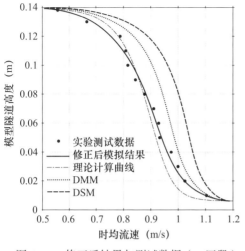

图 4.3.7 修正后结果与测试数据（A 区段）

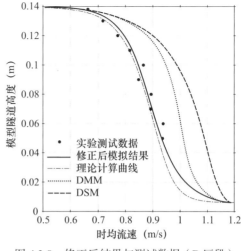

图 4.3.8 修正后结果与测试数据（B 区段）

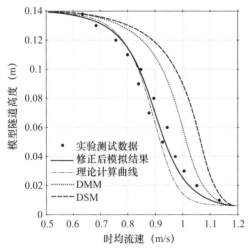

图 4.3.9 修正后结果与测试数据（C 区段）

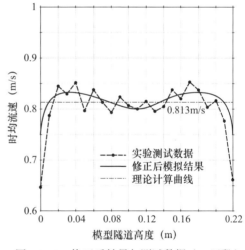

图 4.3.10 修正后结果与测试数据（D 区段）

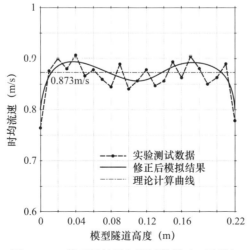

图 4.3.11 修正后结果与测试数据（E 区段）

4.4 本章小结

公路隧道中的空气流动是在有限空间内车辆行驶而引发的复杂湍流。由于公路隧道中流场时均速度和湍流剪切应力的分布特点，以及隧道底部运动车辆的存在，给数值计算带来了极大的困难。各类亚滤波模型运用于公路隧道流场大涡模拟计算时，都表现出较大的误差。其中，动态涡黏性模型和动态混合模型也存在小尺寸涡的耗散过大问题，具体表现为平均流剖面明显偏高。主要原因在于，公路隧道湍流在壁面附近存在强剪切应力，小尺寸涡的强度明显增强，以致公路隧道壁面附近小尺寸涡的耗散较大。但是，模型的耗散量还不足以使之平衡。

湍流能量级串机制的研究表明，湍流场中的动量输运和平均动能耗散都由大尺度涡决定。大尺度涡的运动决定了从平均流向小尺度涡的能量传递速率；而小尺度涡的运动则提供了与能量传递量相匹配的动能耗散。这一事实表明，大尺度运动对小尺度运动的细节不敏感，亚滤波尺度模型的能量耗散机制的细节对大涡模拟的结果影响较小。所以，只要亚滤波尺度模型提供了恰当的动能耗散率，大尺度运动的模拟结果就能获得大致正确的统计规律。

基于上述思想，本书提出了一个新的、适用于公路隧道流场特性的涡黏系数模型。通过修正函数 D_n，该模型能产生恰当的动能耗散率，从而使得湍流中亚滤波尺度运动的能量耗散量在模型中得到平衡。经过与模型实测数据和 DNS 计算结果的对比，验证了其准确性，效果理想。

第 5 章　公路隧道顶部竖井通风及气流脉动

5.1　公路隧道中的压力分布与波动

5.1.1　运行车辆的压力偶极子

运行车辆车头处正压的形成过程，从微观的角度看，是由于行驶汽车撞击前部的空气微团，且非刚性的空气微团与汽车头部发生的是非弹性碰撞，从而使得该空气微团获得与汽车相同的速度，于是，空气微团之间的自由程减少，密度增加，空气压力增大。从宏观的角度看，该过程应当满足三个基本物理定律，即牛顿第二定律、质量守恒定律和能量守恒定律。

为了简化问题，实现方程的推导，现对压力波过程和空气介质做如下几点合理假定[43]：

（1）隧道中的空气为理想气体，压力波在空间中传递时，空气不存在黏滞性；
（2）压力波在传递时没有能量的损耗；
（3）隧道内空气为各向同性流体，密度和温度为常数；
（4）压力波动在传递时，空气介质的稠密稀疏交替过程是绝热过程。

在压力场中取一个介质微元 dV，$dV = dxdydz$。先考虑 x 方向上的受力情况。由于介质中的压强 p 随着空间中的位置不同而变化，所以，作用在介质微元各表面的压力是不相等的（图 5.1.1）。

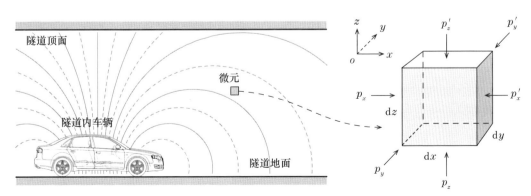

图 5.1.1　压力场中的流体介质微元

由于该介质微元足够小,所以作用在其表面的压力是均匀的。设介质微元左侧的表面的压强为 $p + p_0$,于是,左侧的表面受到的压力为 $F_{left} = (p + p_0)\mathrm{d}y\mathrm{d}z$。设介质微元右侧的表面的压强为 $p + p_0 + \mathrm{d}p$,于是,右侧的表面受到的压力为 $F_{right} = (p + p_0 + \mathrm{d}p)\mathrm{d}y\mathrm{d}z$。于是,在 x 方向,作用在该微元上的合力为:

$$F = F_{left} - F_{right} = \mathrm{d}p\mathrm{d}y\mathrm{d}z = \frac{\partial p}{\partial x}\mathrm{d}x\mathrm{d}y\mathrm{d}z \tag{5.1.1}$$

设介质的密度为常数 ρ,于是该微元的质量为 $\mathrm{d}m = \rho\mathrm{d}x\mathrm{d}y\mathrm{d}z$。由于该微元所受的合力不为零,所以该微元在 x 方向上存在加速度 $\mathrm{d}u_x/\mathrm{d}t$。

根据牛顿第二定律,得到式(5.1.2)。

$$\frac{\partial p}{\partial x}\mathrm{d}x\mathrm{d}y\mathrm{d}z = \rho\mathrm{d}x\mathrm{d}y\mathrm{d}z\frac{\mathrm{d}u_x}{\mathrm{d}t} \tag{5.1.2}$$

整理得到式(5.1.3):

$$\frac{\partial p}{\partial x} = \rho\frac{\mathrm{d}u_x}{\mathrm{d}t} \tag{5.1.3}$$

且有:

$$\frac{\mathrm{d}u_x}{\mathrm{d}t} = \frac{\partial u_x}{\partial t} + u_x\frac{\partial u_x}{\partial x} + u_y\frac{\partial u_x}{\partial y} + u_z\frac{\partial u_x}{\partial z} \tag{5.1.4}$$

同理,可以得到 y 方向和 z 方向上的运动方程:

$$\frac{\partial p}{\partial y} = \rho\frac{\mathrm{d}u_y}{\mathrm{d}t} \tag{5.1.5}$$

$$\frac{\partial p}{\partial y} = \rho\frac{\mathrm{d}u_z}{\mathrm{d}t} \tag{5.1.6}$$

$$\frac{\mathrm{d}u_y}{\mathrm{d}t} = \frac{\partial u_y}{\partial t} + u_x\frac{\partial u_y}{\partial x} + u_y\frac{\partial u_y}{\partial y} + u_z\frac{\partial u_y}{\partial z} \tag{5.1.7}$$

$$\frac{\mathrm{d}u_z}{\mathrm{d}t} = \frac{\partial u_z}{\partial t} + u_x\frac{\partial u_z}{\partial x} + u_y\frac{\partial u_z}{\partial y} + u_z\frac{\partial u_z}{\partial z} \tag{5.1.8}$$

联立式(5.1.3)~式(5.1.8)得到压力波的运动方程:

$$\rho\left[\frac{\partial \mathbf{V}}{\partial t} + (\mathbf{V}\cdot\nabla)\mathbf{V}\right] + \nabla p = 0 \tag{5.1.9}$$

其中,

$$\mathbf{V}\cdot\nabla = u\frac{\partial}{\partial x} + v\frac{\partial}{\partial y} + w\frac{\partial}{\partial z} \tag{5.1.10}$$

$$\nabla p = \mathbf{i}\frac{\partial p}{\partial x} + \mathbf{j}\frac{\partial p}{\partial y} + \mathbf{k}\frac{\partial p}{\partial z} \tag{5.1.11}$$

仍考虑该介质微元,设在 x 方向,单位时间内由左边表面流入的流体质量为 $\rho u \mathrm{d}y\mathrm{d}z$,同一时间内,右表面流出的质量为 $[\rho u + \mathrm{d}(\rho u)]\mathrm{d}y\mathrm{d}z$,微元体内的质量增量为 $(\partial \rho / \partial t)\mathrm{d}x\mathrm{d}y\mathrm{d}z$。建立连续性方程:

$$\frac{\partial \rho}{\partial t}\mathrm{d}x\mathrm{d}y\mathrm{d}z = \rho u \mathrm{d}y\mathrm{d}z - \left[\rho u + \frac{\partial(\rho u)}{\partial x}\mathrm{d}x\right]\mathrm{d}y\mathrm{d}z \tag{5.1.12}$$

整理得到:

$$\frac{\partial p}{\partial t} + \frac{\partial}{\partial x}(\rho u) = 0 \tag{5.1.13}$$

此时,对于三个变量 p,u,ρ 只有两个方程,还不足以求解,还需要第三个方程。第三个方程根据气体的热力学性质得到。当压力波通过介质微元的时候,微元体内的压强、密度和温度等物理参数都会发生变化。这一系列的变化都应当遵循热力学方程。由于将隧道内的空气介质假定为理想气体,且压力波的传递速度要比介质内部体积压缩或膨胀过程所需要的时间短得多,所以可以认为,在压力波传递得过程中,介质微元还来不及与周围进行热交换。于是可以认为,压力波过程式绝热过程。理想气体得绝热方程为:

$$p\rho^{-\gamma} = \mathrm{Const} \tag{5.1.14}$$

对于一般的流体介质而言,压强是密度和温度的函数,考虑绝热条件,给出普遍的物态方程:

$$\mathrm{d}p = c^2 \mathrm{d}\rho \tag{5.1.15}$$

其中,c 为声速,$\gamma = C_p/C_v$,为气体定压比热和定容比热的比值,对于空气而言,$\gamma = 1.4$。

联立式(5.1.9),式(5.1.13)和式(5.1.15)得到大空间中的压力波动方程(式5.1.16)。

$$\frac{\partial^2 p}{\partial x^2} + \frac{\partial^2 p}{\partial y^2} + \frac{\partial^2 p}{\partial z^2} = \frac{1}{c^2}\frac{\partial^2 p}{\partial t^2} \tag{5.1.16}$$

即:

$$\nabla^2 p = \frac{1}{c^2}\frac{\partial^2 p}{\partial t^2} \tag{5.1.17}$$

在各向同性的自由空间介质中,压力波往往以球面波的形式均匀向外辐射,采用球面坐标系,设压力波原点到讨论点的向径为 r,压力波动方程可以写成:

$$\frac{\partial^2 p}{\partial r^2} + \frac{2}{r}\frac{\partial p}{\partial r} = \frac{1}{c^2}\frac{\partial^2 p}{\partial t^2} \tag{5.1.18}$$

导入边界条件,在压力波中心,压力值最大,记为 P_0,即:

$$r = 0 \quad p = P_0 \tag{5.1.19}$$

在无干扰的情况下，离压力波中心无穷远处，相对压力值最低，$p = 0$，即：

$$r \to \infty \quad p = 0 \tag{5.1.20}$$

将边界条件式（5.1.19）和式（5.1.20）代入式（5.1.18），得到大空间中的压力波方程的通解（5.1.21）。

$$\frac{P_0}{p(r)} = \mathrm{Exp}\,(\omega t + \alpha r) + \mathrm{Exp}\,(\omega t - \alpha r) \tag{5.1.21}$$

其中，α 为待定参数，当压力波介质为常温下的空气时，实验测得：$\alpha = 0.56$。ω 为角频率，r 为讨论点到压力波中心的距离。$\mathrm{Exp}\,(\omega t + \alpha r)$ 为入射波方程，$\mathrm{Exp}\,(\omega t - \alpha r)$ 为反射波方程。

由于公路隧道中压力波动的幅较低，且公路隧道内表面对空气压力波的反射系数约为 0.02。所以，可以忽略公路隧道中的反射压力波。于是，式（5.1.21）变为：

$$\frac{P_0}{p(r)} = \mathrm{Exp}\,(\omega t + \alpha r) \tag{5.1.22}$$

转换得到

$$p(r) = \frac{p_0}{\mathrm{Exp}\,(\omega t + \alpha r)} \tag{5.1.23}$$

$$r = \sqrt{(x - x_0)^2 + (y - y_0)^2 + (z - z_0)^2} \tag{5.1.24}$$

其中，(x, y, z) 为讨论点的空间坐标，(x_0, y_0, z_0) 为压力波中心的空间坐标。

从压力波的空间分布公式可以看出，空间中的孤立压力点能在其周围形成强度不断衰减的压力场。在压力点中心，压力值为 P_0，在无穷远处，压力值为 0。

行驶汽车前方正压区的形成，以及空间中压力场建立的本质是能量的转化和传递过程。从微观的角度看，是由于行驶汽车撞击前部的空气微团，且非刚性的空气微团与汽车头部发生的是非弹性碰撞，从而使得该空气微团获得与汽车相同的速度。假设在未发生碰撞前，空气的速度为 u_f，车辆的速度为 v_v。在碰撞发生后，单位体积的流体微元从运行车辆获得的总能量为 $1/2\rho(v_v - u_f)^2$，流体微元从中吸收一部分能量用于提升自身的动能，流体微元的动能增量为 $1/2\rho(v_v^2 - u_f^2)$，其余部分则耗散在湍流中。

流体微团在获得这部分能量后，以车来滚的行驶速度向前运动，于是，空气微团之间的自由程减少，密度增加，势能增大，空气压力升高。当空气微团的这部分动能全部转化为势能时，此时，汽车头部空气将获得最大的理论正压如式（5.1.25）所示。

$$P_A = \frac{1}{2}\theta_1 \rho v_0^2 \qquad (5.1.25)$$

同理，汽车尾部的理论最大负压如式（5.1.26）所示。

$$P_B = -\frac{1}{2}\theta_2 \rho v_0^2 \qquad (5.1.26)$$

其中，θ_1 为车头压力系数，θ_2 为车尾压力系数，根据车头形状的不同，θ_1 和 θ_2 的取值区间为 0.24~0.4，ρ 为空气密度，v_0 为车速。

于是，本文称汽车前端的正压点为压力正极子，汽车尾部的负压点为压力负极子，两者合称为压力偶极子（图 5.1.2）。

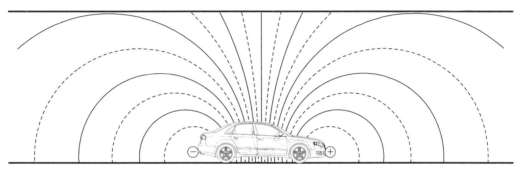

图 5.1.2　压力偶极子的二维空间压力场分布

在隧道内的压力场研究中，每一辆行驶的汽车都可以近似看成一个压力偶极子，且正负极子位于车头和车尾的中点。空间中的压力场是标量，所以满足叠加原理。将隧道入口处的路面中点记为坐标零点，建立直角坐标系，沿隧道长度方向为 x 轴，沿宽度方向为 y 轴，沿高度方向为 z 轴。t 为车流行驶时间，以车流达到隧道入口的时刻为时间零点。根据压力偶极子理论，隧道中任意点的压力是所有压力偶极子在该点的场量叠加（图 5.1.3）。假设公路隧道中的车辆数量为 n，于是，公路隧道中的压力动态分布模型如式（8.3.12）所示。

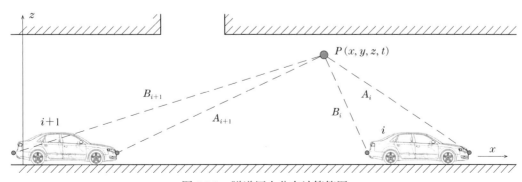

图 5.1.3　隧道压力分布计算简图

$$P(x,y,z,t) = \sum_{i=1}^{n}\left[\frac{P_A}{\mathrm{Exp}\,(\alpha A_i)} + \frac{P_B}{\mathrm{Exp}\,(\alpha B_i)}\right] \qquad (5.1.27)$$

其中，P_A 和 P_B 为压力偶极子中的正负极点压力；L_i 为第 i 辆车的长度；α 即为公路隧道内的空间压力分布系数，经本实验测得，取 $\alpha = 0.80$。A_i 和 B_i 分别为第 i 辆车在 t 时刻的正负极距，表达式如式（5.1.28）和式（5.1.29）所示。x_i，y_i，z_i 为第 i 辆汽车的车头处正极子的坐标分量。

$$A_i(x,y,z,t) = \sqrt{(x-x_i)^2 + (y-y_i)^2 + (z-z_i)^2} \qquad (5.1.28)$$

$$B_i(x,y,z,t) = \sqrt{(x-x_i+L_i)^2 + (y-y_i)^2 + (z-z_i)^2} \qquad (5.1.29)$$

5.1.2 公路隧道压力动态分布模型

隧道两侧的进出口和顶部开口直接连通隧道内外空间。根据前期模拟计算的结果，汽车在行经隧道顶部开口附近时，车头所积累的正压和车尾所积累的负压势将得到释放，顶部开口处的压力脉动也会出现衰减。在顶部开口的中心，可近似认为内外的压力已交换充分，压力振幅为零。随着离开口距离的增加，开口对隧道内压力的影响也逐渐降低[44]。鉴于上述现象考虑，本文提出洞口压力衰减函数 ζ。在顶部开口的公路隧道压力动态分布模型中，隧道顶部开口和两端进出口对隧道内压力分布的影响，用压力衰减函数 ζ 进行修正。压力衰减函数 ζ 的具体表述如下：

设顶部第 j 个开口的中心位置坐标为（x_j，y_j，z_j），顶部开口的压力衰减函数的表达式如式（5.1.30）所示。

$$\zeta_j(x,y,z) = 1 - \frac{1}{\mathrm{Exp}\,(\beta C_j^2/F_j)} \qquad (5.1.30)$$

其中，β 为顶部开口压力衰减系数，经本实验测得，取 $\beta = 0.02$；F_j 为第 j 个顶部开口的面积；C_j 为第 j 个顶部开口中心到计算点的距离，C_j 的计算方法如式（5.1.31）所示。

$$C_j(x,y,z) = \sqrt{(x-x_j)^2 + (y-y_j)^2 + (z-z_j)^2} \qquad (5.1.31)$$

多个顶部开口对隧道内压力分布的影响具有叠加关系，可以用各自衰减函数的乘积来表示。实验测试数据表明，这样的假设是合理的，能够反映多开口下隧道内的压力分布规律。于是，顶部开口的城市浅埋公路隧道内的三维逐时压力波分布计算公式如式（5.1.32）所示。

$$P(x,y,z,t) = \prod_{j=1}^{m}\zeta_j \sum_{i=1}^{n}\left[\frac{P_A}{\mathrm{Exp}\,(\alpha A_i)} + \frac{P_B}{\mathrm{Exp}\,(\alpha B_i)}\right] \qquad (5.1.32)$$

5.1.3 公路隧道内的压力波动测试

汽车在行驶时，车头撞击前方的空气而形成正压区。在汽车的尾部，气流因剥离而出现漩涡，从而形成负压区。从微观的角度看，行驶的汽车撞击前部的空气微团，从而使得该空气微团获得与汽车相同的速度，于是，车辆前方空气微团之间的自由程减少，空气压力增大。

公路隧道内的压力波动测试在车辆自驱动隧道实验平台中进行，平台中的直段隧道总长 30m，采用微压传感器进行隧道内的压力数据实时采集。为了尽可能减少两侧洞口对测试的影响，逐时压力脉动的测点布置在隧道的中段面（$x=15m$），距模型隧道底面 0.4m，每隔 0.2s 采集一次数据（图 5.1.4）。

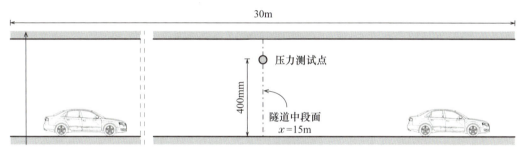

图 5.1.4　模型公路隧道内固定点的压力逐时脉动测点布置

图 5.1.5～图 5.1.7 显示的是测点在 10～20s 内的逐时压力脉动。其中实线为理论计算曲线，圆点为测试数据。比较理论曲线和测试数据，可以看出，在大部分区域理论计算结果与实验数据吻合良好，在压力脉动的波峰和波谷附近存在较大的误差。

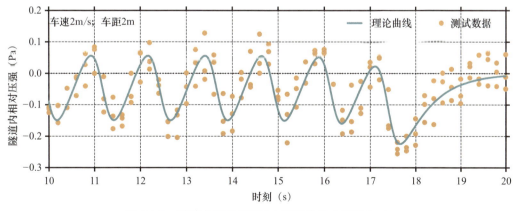

图 5.1.5　隧道内固定点的压力逐时脉动（车距 2m）

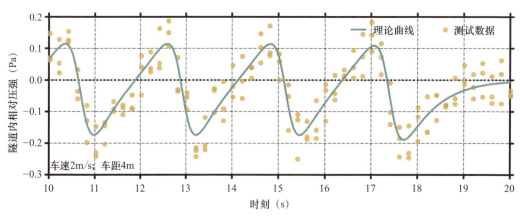

图 5.1.6　隧道内固定点的压力逐时脉动（车距 4m）

理论计算和实验测试均表明，在运动车辆的作用下，公路隧道内将呈现出周期性的压力脉动现象。当汽车的整个车身从测点下方通过时，在此过程中，该点的压力由峰值迅速跌至谷值。随着车辆的继续行驶，前车的车尾逐渐远离测点，而后车的车头逐渐靠近。于是该点的压力又逐渐上升，直到重新达到峰值。在一般的车流状态下，车辆的间距要远大于车辆的长度。所以在压力脉动周期中，公路隧道中的压力波动表现为不对称的类正弦脉动。

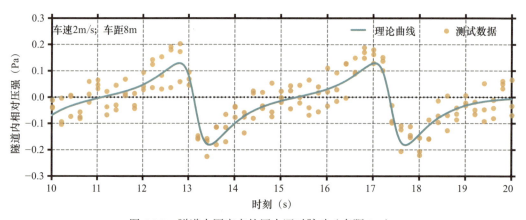

图 5.1.7　隧道内固定点的压力逐时脉动（车距 8m）

图 5.1.8 为模型公路隧道内同一时刻的压力空间分布测点布置。在距离模型隧道路面 0.4m 处，均匀设置 13 个微压传感器，传感器的间距为 0.25m，测试区域长度共3m。按照 2m、4m 和 8m 的车距，以及有无开设顶部通风竖井的情况，设置 6 类测试工况。

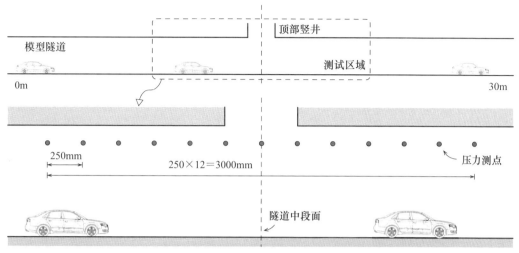

图 5.1.8　模型公路隧道内同一时刻的压力空间分布测点布置

图 5.1.9～图 5.1.11 显示的是在 $t=18\text{s}$ 时，各实验方案下的公路隧道压力分布。与前面相同，图中实线为理论计算曲线，圆点为测试数据。子图（a）和（c）为未设置顶部通风竖井时的隧道内压力波分布，子图（b）和（d）为设置了顶部通风竖井时的隧道内压力波分布。数据对比表明，在体现压力的空间分布规律上，理论曲线和实验数据仍有较好的统一性；当压力数值较小时，表现出较大的误差。

公路隧道内各点的压力沿车流方向也呈现出周期性的波动现象。如果时间定格在某一瞬间，我们会发现，在每辆车的车头附近会出现压力波的峰值，在每辆车的车尾附近会出现压力波的谷值。于是，在众多车辆的综合作用下，公路隧道内的压力在空间中会呈现出高低相间的波状分布。

在图 5.1.9～图 5.1.11 这三幅图中，每张图包含 4 幅子图，分别标为（a）、（b）、（c）和（d）。其中子图（a）为无顶部开口影响下，公路隧道内的压力分布曲线，（b）为设置顶部开口后，公路隧道内的压力分布曲线。（c）和（d）分别为子图（a）、（b）中间部分的详图。对比发现，当隧道顶部设有通风孔时，顶部开口附近的压力波振幅将出现衰减。这是因为汽车在行驶过程中，积累在车头处的正压和在车尾部的负压势必在顶部开口处得到释放。当车辆驶过顶部开口，重新进入暗埋段时，车头的正压和车尾的负压又开始重新积累。然后在下一个顶部开口处释放，如此往复。此外，越靠近开口中心，压力衰减程度就越大，压力释放就越彻底。当离开口的距离逐渐增大，开口对周围压力分布的影响就逐渐降低。此外测试结果还表明，在匀速的车流下，公路隧道内压力波的推进速度与车辆的行驶速度是一致的，压力波随车辆的行驶而同步向前推进。

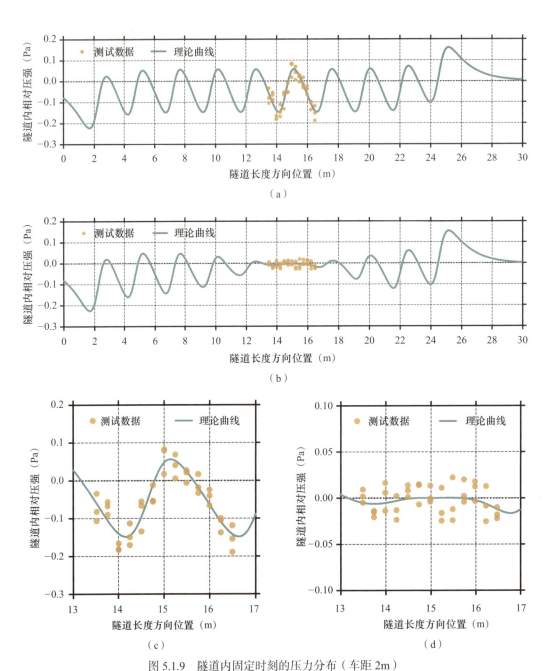

图 5.1.9 隧道内固定时刻的压力分布（车距 2m）
（a）不考虑开口影响；（b）考虑开口影响；（c）不考虑开口影响的局部详图；
（d）考虑开口影响的局部详图

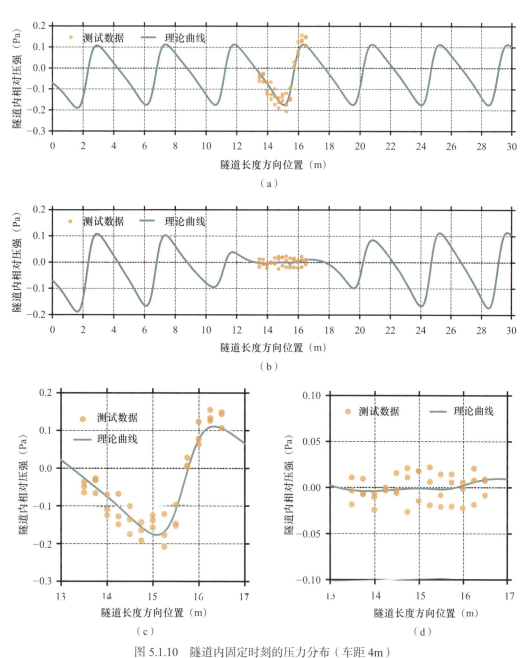

图 5.1.10　隧道内固定时刻的压力分布（车距 4m）

（a）不考虑开口影响；（b）考虑开口影响；（c）不考虑开口影响的局部详图；
（d）考虑开口影响的局部详图

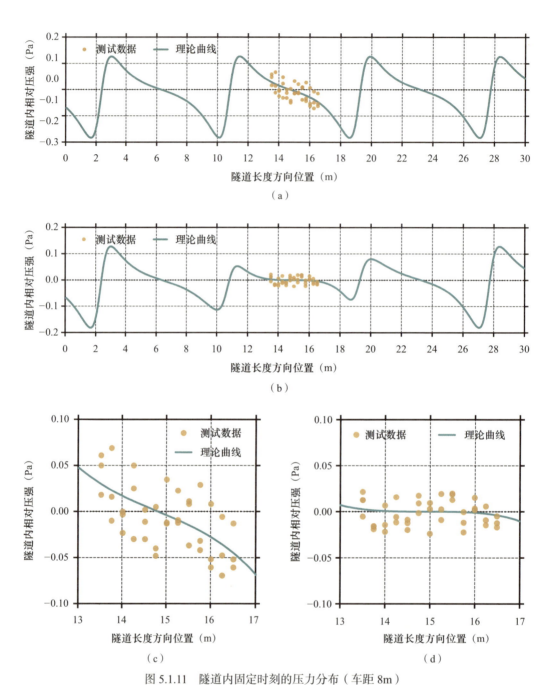

图 5.1.11 隧道内固定时刻的压力分布（车距 8m）
（a）不考虑开口影响；（b）考虑开口影响；（c）不考虑开口影响的局部详图；
（d）考虑开口影响的局部详图

5.2 顶部竖井内部的流场特性

5.2.1 顶部开口自然通风实验方案

顶部开口自然通风实验在机械传送带实验平台上进行。针对3类车速（1.0m/s、1.5m/s、2.0m/s）和4类隧道顶部开口布置方案（A、B、C、D），共进行12组实验。各组实验的具体设置见图5.2.1，4类隧道顶部开口布置方案见图5.2.2。

隧道顶部开口布置方案		开口数量	车速1.0m/s	车速1.5m/s	车速2.0m/s
A		2	A-1	A-2	A-3
B		3	B-1	B-2	B-3
C		5	C-1	C-2	C-3
D		7	D-1	D-2	D-3

图 5.2.1 公路隧道顶部开口处的流场特性实验方案

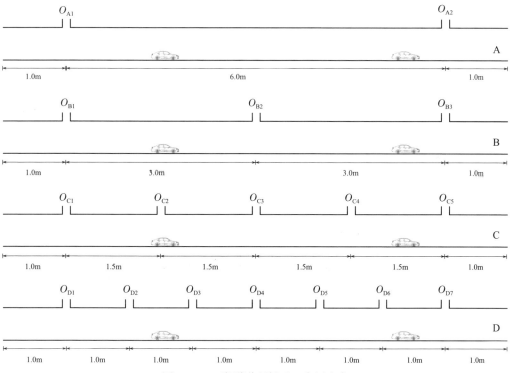

图 5.2.2 4类隧道顶部开口布置方案

（1）A 组方案：公路隧道顶部设置有 2 个开口，分别编号为 O_{A1} 和 O_{A2}，其中心位置坐标分别为 $x = 1m$ 和 $x = 7m$。

（2）B 组方案：公路隧道顶部设置有 3 个开口，分别编号为 $O_{B1} \to O_{B3}$，其中心位置坐标分别为 $x = 1m$、$x = 4m$ 和 $x = 7m$。

（3）C 组方案：公路隧道顶部设置有 5 个开口，分别编号为 $O_{C1} \to O_{C5}$，其中心位置坐标分别为 $x = 1m$、$x = 2.5m$、$x = 4m$、$x = 5.5m$ 和 $x = 7m$。

（4）D 组方案：公路隧道顶部设置有 7 个开口，分别编号为 $O_{D1} \to O_{D7}$，其中心位置坐标分别为 $x = 1m$、$x = 2m$、$x = 3m$、$x = 4m$、$x = 5m$、$x = 6m$ 和 $x = 7m$。

在每个顶部开口布置 3 个风速探头（图 5.2.3、图 5.2.4 和图 5.2.5），风速传感器数据记录的时间间隔为 0.2s。为降低误差，每组实验进行 3 次重复实验。

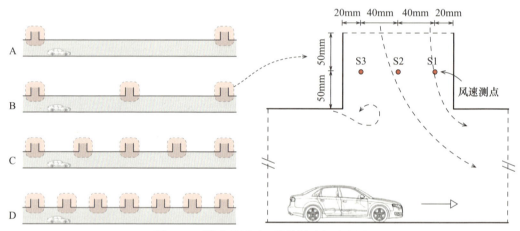

图 5.2.3　隧道顶部开口处的风速探头布置

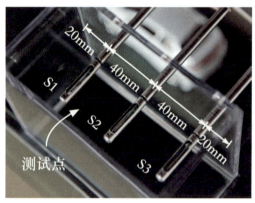

图 5.2.4　隧道竖井风速探头

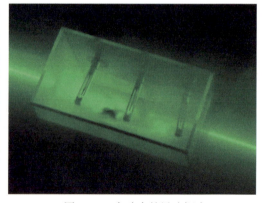

图 5.2.5　实验中的风速探头

5.2.2　顶部开口处的气流方向判定

对 12 组方案中所有顶部开口处的气流全部进行了风向判定，并用高速摄像机记录了每个顶部开口处的气流影像。图 5.2.6 为实验中 4 种隧道类型 17 个顶部开口处的瞬时气流影像。图 5.2.7 为顶部开口 O_{C3} 处，3 个时刻的气流影像。

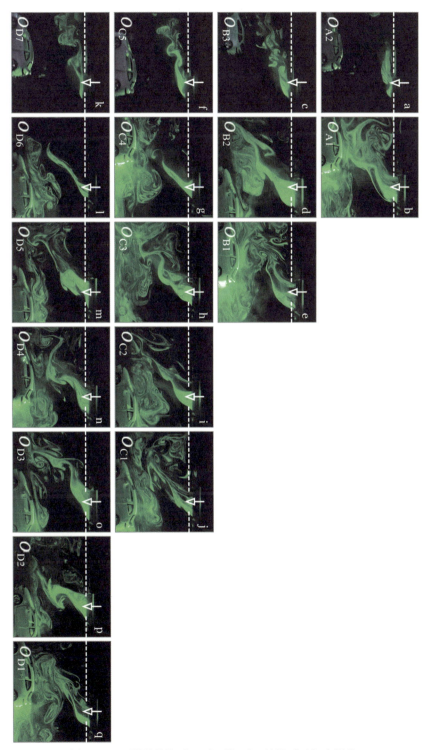

图 5.2.6　4 类隧道类型 17 个顶部开口处的瞬时气流影像

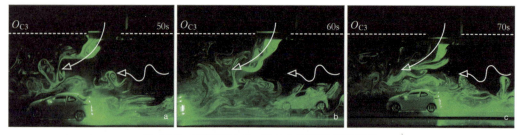

图 5.2.7 顶部开口 O_{C3} 处 3 个时刻的气流影像

示踪烟气在片状激光的照射下呈现出鲜艳的绿色，清晰地显示出了顶部开口处的气流轨迹。运动车辆引发了公路隧道内部强烈的紊流。隧道内的空气在运动车流的作用下，形成了带有竖向脉动的纵向气流。开口底部的空气在下层紊流的卷吸下被不断带走。于是，顶部开口不断地从外界吸入空气来补充，从而形成了由外向内的气流现象（图 5.2.7）。在本实验所有的实验参数下，顶部开口处的气流方向均为由外向内，均表现为进风现象。

而且，从进风的气流轨迹可以看出，不同位置顶部开口处的进风速度有明显的差别。在隧道进口附近（O_{A1}、O_{B1}、O_{C1}、O_{D1} 等），进风的气流速度最大。从顶部开口进来的空气直接到达了隧道的底部。在离隧道进口稍微远处，进风的气流速度有所降低。而在隧道出口附近（O_{A2}、O_{B3}、O_{C5}、O_{D7} 等），进风速度最低，空气一进入隧道就贴在隧道的顶部。

此外，顶部开口数量的变化不会造成顶部开口处气流方向的改变。无论是设置 2 个开口，还是设置 7 个开口，顶部开口处的气流方向都是由外向内。而且车速的变化也不会造成顶部开口处气流方向的改变。在同一类顶部开口布置形式下，车速从 1.0m/s～2.0m/s，顶部开口处的气流方向也都是由外向内。

综上所述，在这 12 类实验方案中，开口数量和车速的变化均不会造成顶部开口处气流方向的改变。在连续的车流下，所有顶部开口处的气流方向均为由外向内，没有出现所谓的"呼吸"现象。

5.2.3 公路隧道顶部开口处流场发展

当隧道内的车流均匀且连续时，隧道顶部开口处将出现方向由外至内，速度周期性变化的震荡气流。图 5.2.8 为 D-3 实验中，进口端开口 O_{D1}、中部开口 O_{D4} 以及出口端开口 O_{D7} 中点的逐时流场速度。从实验数据可以看出，在整个实验过程中，顶部开口处的气流将出现 3 个阶段：发展阶段、稳定阶段和平息阶段。进口端开口 O_{D1} 和中部开口 O_{D4} 的流场速度较大，分段比较明显；出口端开口 O_{D7} 的流场速度较低，分段不明显。

第一阶段（发展阶段）：当车流驶入隧道，或隧道内的车辆从静止开始加速，隧道顶部开口处由外向内的空气流动逐渐形成，而且速度逐渐增加，并趋于稳定。当车速设定为 1m/s、1.5m/s 和 2m/s 时，隧道顶部开口处气流的发展段的时间约为 18.5s、19.3s 和 20.0s。实验发现，隧道内的车速与隧道顶部开口处流场的发展时间无明显关联。多次测量表明，对于本隧道模型而言，隧道顶部开口处流场的平均发展时间为 20.3s。在隧道顶部开口流场逐渐增大的过程中，流场出现周期性的震荡，流速呈阶梯式上升，气流方向一直为由外向内（图 5.2.8）。

第二阶段（稳定阶段）：隧道内的车辆继续行驶，顶部开口处的气流速度逐渐稳定。但是流场速度的周期性震荡依然存在，周期约为 $T=(S+L)/v$，其中 S 为车间距，L 为车辆长度，v 为车辆行驶速度。当隧道内的车辆接近顶部开口时，由于车头正压的作用，隧道顶部开口处的流速将有所降低；当行驶车辆驶过开口下方，并远离顶部开口时，顶部开口处于车辆尾部的负压区中，隧道顶部开口处的流速又逐渐增大。尽管行驶的车辆会在隧道内产生正负交替的压力变化，但是在整个过程中，顶部开口处的流场并没有出现流向的改变，即没有出现之前部分研究者所谓的"喘息"现象（图 5.2.9）。

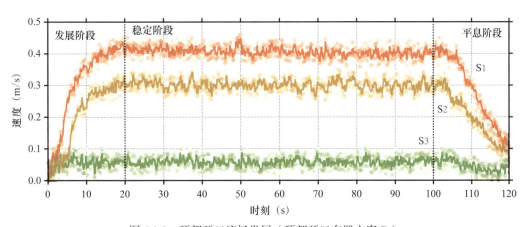

图 5.2.8　顶部开口流场发展（顶部开口布置方案 D）

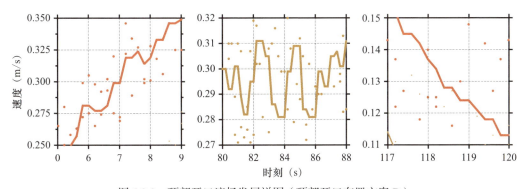

图 5.2.9　顶部开口流场发展详图（顶部开口布置方案 D）

第三阶段（平息阶段）：当公路隧道内车辆停止运行，或当一列车流通过后，暂时没有后续车流时，会出现第三阶段的气流现象。在此阶段中，隧道顶部开口处的空气流动逐渐停止。气流速度的周期震荡现象消失，速度下降平稳。这也说明，之前气流的周期性震荡现象是由车辆行驶产生的。当车速为 1m/s、1.5m/s 和 2m/s 时，平息阶段的时间约为 21.3s、28.6s 和 35.8s（图 5.2.8）。

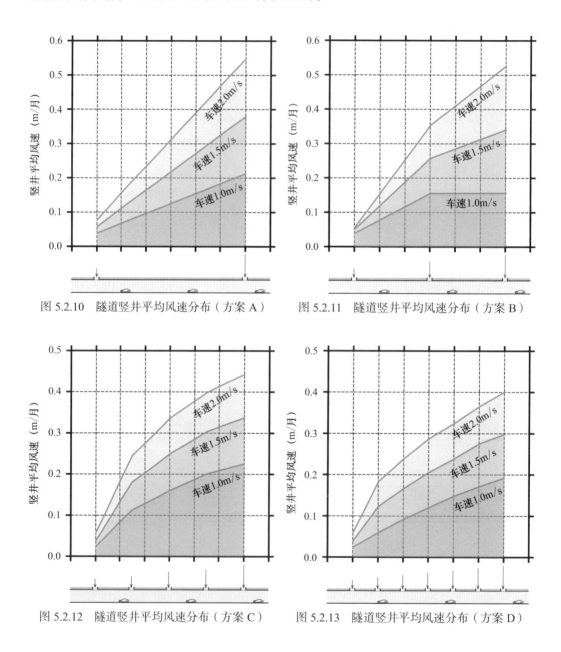

图 5.2.10　隧道竖井平均风速分布（方案 A）　　图 5.2.11　隧道竖井平均风速分布（方案 B）

图 5.2.12　隧道竖井平均风速分布（方案 C）　　图 5.2.13　隧道竖井平均风速分布（方案 D）

每个隧道顶部开口处的气流现象皆是如此，只是开口处的气流速度会随开口位置的不同而发生变化。以 D 类布置为例，靠近隧道入口的顶部开口 O_{D1} 的进风速度最大。当车速为 1m/s 和 2m/s 时，其稳定后的平均进风速度为 0.19m/s 和 0.40m/s。越往隧道出口方向的顶部开口，其进风速度就越低。靠近隧道出口的顶部开口 O_{D7} 的进风速度为 0.03m/s 和 0.06m/s。顶部开口的平均进风速度沿隧道长度方向线性降低（图 5.2.10～图 5.2.13）。

5.3 公路隧道顶部竖井流场特性

5.3.1 顶部竖井内流场分布规律

公路隧道中的空气流动是有限空间内车辆行驶而引发的拖拽流动。实验表明，在隧道顶部开口处，上方的空气会因隧道内气流的诱导作用而被吸入隧道。图 5.2.7 是高速相机捕捉到的 3 个典型开口处的瞬间流场。图 5.3.1～图 5.3.6 是各组实验中，流场稳定后，隧道顶部开口的风速分布。

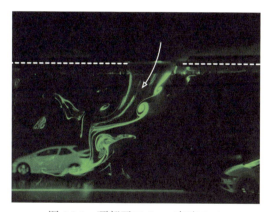

图 5.3.1　顶部开口 O_{D1}，车速 1m/s

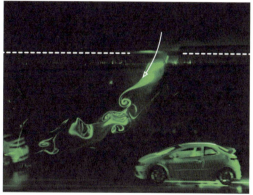

图 5.3.2　顶部开口 O_{D1}，车速 2m/s

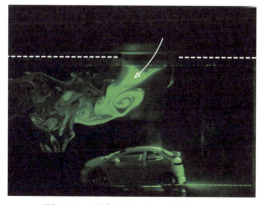

图 5.3.3　顶部开口 O_{D4}，车速 1m/s

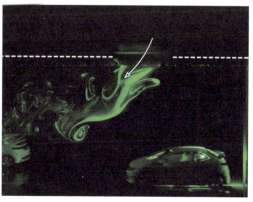

图 5.3.4　顶部开口 O_{D4}，车速 2m/s

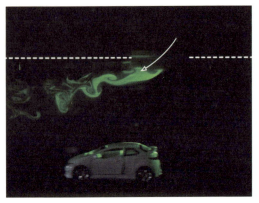

图 5.3.5 顶部开口 O_{D7}，车速 1m/s

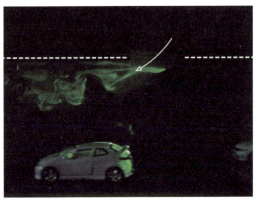

图 5.3.6 顶部开口 O_{D7}，车速 2m/s

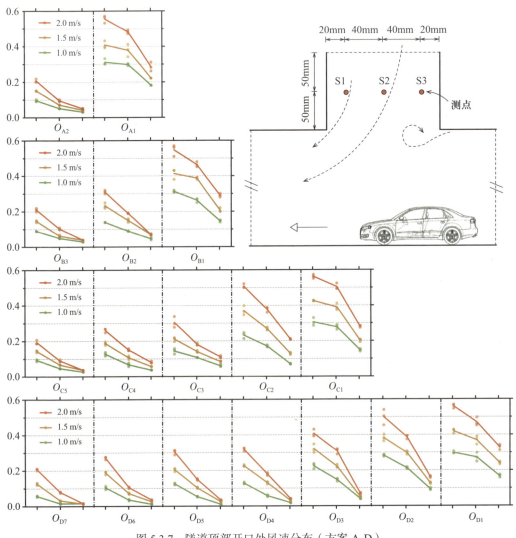

图 5.3.7 隧道顶部开口处风速分布（方案 A-D）

由流场图像和测试数据可以看出，在隧道的进口端，顶部开口的进风速度最大，沿隧道长度方向，顶部开口的进风速度逐渐降低。此外，隧道顶部开口的气流速度并不是均匀的，在顶部开口内部，进风速度沿车流方向增加。在隧道的入口段，顶部开口处的风速分布为一条上凸曲线。沿着隧道向前，曲线的曲率逐渐增大，到隧道中部附近，顶部开口的风速分布近似为一条直线。继续向前，分布曲线逐渐下凹，曲率不断变小。

然而，并不是所有顶部开口的进风都能与隧道底层空气迅速掺混。上面的分析已经表明，顶部开口的进风速度沿隧道长度方向不断降低。越靠近隧道出口，顶部开口的进风速度就越低。如本实验中的顶部开口 O_{D7}，在 2m/s 的车速下，顶部开口的最大进风速度为 0.12m/s，平均进风速度仅为 0.06m/s。此类靠近隧道出口的顶部开口，由于进风速度低，不但进风量小，更主要的是当气流一进入隧道内部，便顺着隧道内的气流贴着隧道顶部流动。之后，或始终位于隧道顶部，或要经较长时间才与底层空气掺混。这类靠近隧道出口端的开口对降低隧道内污染物浓度，提高空气质量帮助不大。

5.3.2 竖井布置及车速对竖井内流场的影响

在这一小节的讨论中，我们做两类比较。

（1）比较隧道顶部开口数量对顶部开口的进风速度的影响。考察隧道进口端的 4 个开口（O_{A1}、O_{B1}、O_{C1}、O_{D1}），隧道中部的 3 个开口（O_{B2}、O_{C3}、O_{D4}）以及隧道出口端的 4 个开口（O_{A2}、O_{B3}、O_{C5}、O_{D7}）的风速分布。我们不难发现，随着隧道顶部开口的增加，相同位置上的开口风速稍有降低，但是幅度不大，当车速较小时，甚至可以忽略。

在隧道进口处，当模型车速为 1.0m/s，顶部设 2 个开口时，O_{A1} 的平均速度为 0.211m/s，当顶部设 3 个开口时，O_{B1} 的平均速度为 0.156m/s，当顶部设 5 个开口时，O_{C1} 的平均速度为 0.225m/s，当顶部设置 7 个开口时，O_{D1} 的平均速度为 0.192m/s。2 个开口和 7 个开口的相同位置竖井的进风速度仅相差 0.019m/s（图 5.3.8）。当模型车速为 1.5m/s，在隧道中部，2 个开口和 7 个开口的相同位置竖井的进风速度分别为 0.257m/s 和 0.205m/s，仅相差 0.052m/s（图 5.3.9），在隧道出口处，顶部开口的进风速度情况也基本相同（图 5.3.10）。所以可以认为，隧道顶部的开口数量对顶部开口的进风没有显著影响。

这也从一个侧面说明了，将公路隧道内的流场简单当作管流处理是不恰当的。如果隧道内的流场是管流，那么，顶部开口数量的增加必然导致部分开口处流速的降低。因为管流的能量来源于管道的入口处，并随流体的流动而逐渐耗散。而在公路隧道中，隧道内空气流动的动力来源于底部行驶的车辆。车辆在行驶过程中撞击前方空气，并在汽车尾部形成尾流，搅动隧道内部空气。在此过程中，将能量传递给空气，但同时又消耗燃料，弥补能量的耗散，维持行进速度。隧道中的空气在流动中必有能量的耗散，但是与此同时，也受到运行车辆源源不断的能量补充。于是，我们可以认为隧道中的气流在沿隧道长度方向流动时，其能量是恒定的。所以，实验中才会出现隧道顶部开口的进风速度不受开口数量影响的现象。

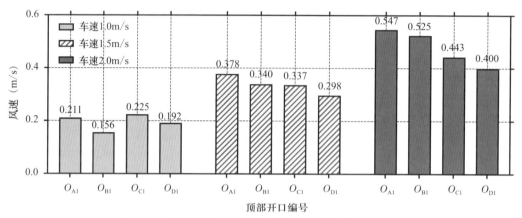

图 5.3.8　隧道顶部开口数量对进风速度的影响（进口）

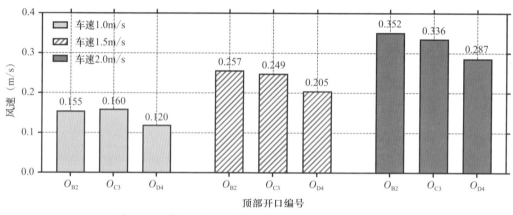

图 5.3.9　隧道顶部开口数量对进风速度的影响（中部）

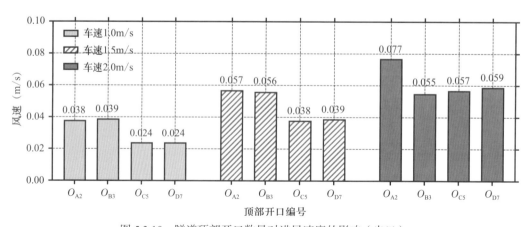

图 5.3.10　隧道顶部开口数量对进风速度的影响（出口）

（2）比较不同车速对顶部开口的进风速度的影响。以开口 O_{D4} 为例，当隧道内的车速为 1.0m/s、1.5m/s 和 2.0m/s 时，顶部开口的平均进风速度分别为 0.120m/s、0.205m/s 和 0.287m/s，隧道顶部开口处的平均进风速度随车速增加而增大，且呈正比关系。且其余开口处的风速规律与此完全相同（图 5.3.11～图 5.3.13）。

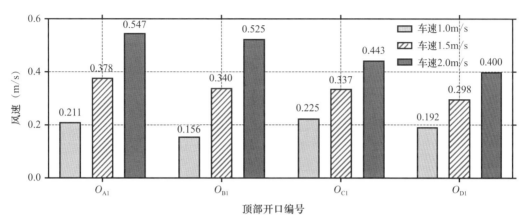

图 5.3.11　隧道内的车速对顶部开口处风速的影响（进口）

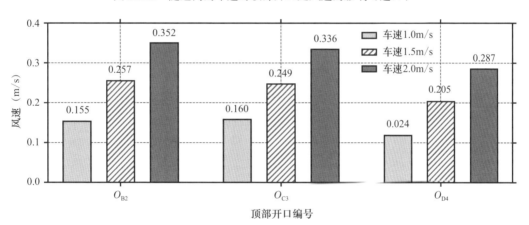

图 5.3.12　隧道内的车速对顶部开口处风速的影响（中部）

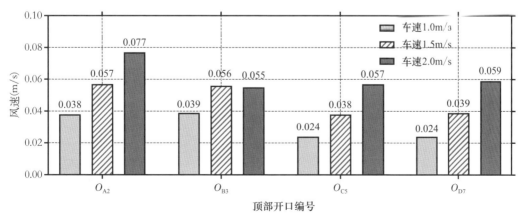

图 5.3.13　隧道内的车速对顶部开口处风速的影响（出口）

5.4　本章小结

行驶汽车前方正压区的形成，以及空间中压力场建立的本质是能量的转化和传递过程。汽车在行驶时，车头撞击前方的空气而形成正压区。在汽车的尾部，气流因剥离而出现漩涡，从而形成负压区。理论计算和实验测试均表明，在运动车辆的作用下，公路隧道内将呈现出周期性的压力脉动现象，且公路隧道中的压力波动表现为不对称的类正弦脉动。

开口数量和车速的变化均不会造成顶部开口处气流方向的改变。在连续的车流下，尽管行驶的车辆会在隧道内产生正负交替的压力变化，但是在整个过程中，顶部开口处的流场并没有出现流向的改变。所有顶部开口处的气流方向均为由外向内，没有出现所谓的"呼吸"现象。

实验表明，在隧道顶部开口处，上方的空气会因隧道内气流的诱导作用而被吸入隧道。在隧道的进口端，顶部开口的进风速度最大，沿隧道长度方向，顶部开口的进风速度逐渐降低。靠近隧道出口的顶部开口，由于进风速度低，不但进风量小，更主要的是当气流一进入隧道内部，便顺着隧道内的气流贴着隧道顶部流动。之后，或始终位于隧道顶部，或要经较长时间才与底层空气掺混。这类靠近隧道出口端的开口对降低隧道内污染物浓度，提高空气质量帮助不大。

隧道顶部开口处的平均进风速度随车速增加而增大，且呈正比关系。隧道顶部的开口数量对顶部开口的进风没有显著影响。将公路隧道内的流场简单当作管流处理是不恰当的。

第6章 公路隧道火灾烟气输运行为及自然排烟

6.1 隧道火灾烟气特性概述

6.1.1 公路隧道火灾的特殊性

相比其他类型的火灾，公路隧道火灾具有其特殊性，主要表现为以下几点：

（1）隧道狭长，近乎为封闭空间，热量、烟气及有毒气大量积聚

隧道内部空间较小且狭长，近似乎为封闭空间。当火灾发生时，燃烧释放的热量无法充分扩散，会在短时间内大量堆积，于是隧道内部温度迅速上升。资料表明[45-49]，一辆小汽车的释热速率为2.5MW，一辆大客车的释热速率为20~30MW，而一辆重型货柜车的热释放速率可以超过100MW。在充分燃烧阶段，隧道内部分区域温度可达1000℃以上。

此外，由于隧道空间局促，外界空气供给不足，缺氧状态下的不完全燃烧会产生大量的浓烟和一氧化碳（CO）等有害气体，且不能及时排出隧道。一氧化碳中毒是浓烟致命的主要毒性。研究表明[1-3]，当空气中一氧化碳含量为1.3%时，人呼吸数次便会昏迷，几分钟内便可导致死亡，而隧道火灾产生的一氧化碳含量高达2.5%。

（2）火灾起因复杂，燃烧形式多样，蔓延快速，且伴随跳跃性

公路隧道中的车流量不均匀，随机性较大，车型多变，车载货物多样，这些都决定了隧道火灾的多样性。其主要表现为火灾发生时间、火灾发生地点，以及火灾强度的不确定性。隧道越长，车流量越大，发生隧道火灾的概率也就越大。隧道内可燃物的类型、数量、分布等，取决于卷入火灾的交通工具及其车载货物的情况。根据可燃物的不同，可能出现气相、液相、固相，以及多相物质的同时燃烧（图6.1.1）[50-56]。

隧道内火焰蔓延快速，且伴随跳跃性。火场热量主要以热辐射和热对流的方式进行传递，当热量足以点燃相邻车辆或者车载可燃货物时，即使车辆与火源之间尚有一段距离，火灾会也出现跳跃式蔓延。此外，由于隧道火灾中产生的不完全燃烧产物较多，在其流动过程中，一旦遇到新鲜空气和其他可燃物，也会引发新的燃烧[15,57-59]。

（3）火灾烟气蔓延迅速，烟层易受干扰，毒性高，对人员危害极大

火灾初期，隧道火灾烟气因热浮力效应、纵向流场作用，以及底层车辆扰动的综合影响，表现出密闭狭长空间烟气的复杂流动特性。随着隧道火灾发展，烟气逐步或者迅速呈现出沿隧道横断面的沉降和弥漫。隧道内火灾会引发沿隧道方向的纵向气流，被称为"隧道纵向风"[60-62]。在纵向风的作用下，烟气在隧道内迅速蔓延，其蔓延速度要远快于火焰的迁移速度，速度超过其5倍。温度极高的浓烟，在2分钟内就可形成烈火，而且对较远处的人员也能构成生命威胁[47, 63]。

烟气在隧道内弥漫后，整个隧道的能见度低，严重威胁人员安全，并影响安全疏散。火灾烟气中含有一氧化碳、二氧化碳、氰化氢、丙烯醛、烟雾以及砷化氢、苯、溴化氢、双光气、路易氏气、芥子气等有毒气体。烟气的危害主要来自于它的毒性及其里面的小粒子烟尘。研究表明[64-66]，人在浓烟中1~2分钟便会晕倒，在火灾中丧生的人，有超过60%是死于浓烟。火灾烟气是夺人生命的第一杀手。

（4）灭火救援难度大，安全疏散受局限，造成的损失大

由于交通隧道具有距离长，出入口少，通道狭窄等特点，灭火救援路线容易与人员车辆的疏散路线，以及烟气流动路线相互重叠。隧道火灾现场极少有可以缓冲的灭火救援场地，火灾现场与灭火救援场地之间没有任何保护屏障，随着火灾的发展蔓延，人为设定的警戒区、灭火行动区可能会迅速变为危险区。隧道火灾特有的次生灾害危险，对救援人员的生命安全构成严重威胁[48, 67-70]。

火灾时，隧道既是烟气扩散、燃烧蔓延的通道，又是疏散通道和救援场地，隧道火灾现场与疏散过渡通道之间没有明显界限，高温和有毒烟气对人员构成直接威胁。隧道内烟雾大，能见度低，车辆与人员在同一通道上疏散，驾驶员对烟火的恐惧和反应失控，很容易造成新的交通事故，所以被困人员和车辆的安全性和疏散的有效性很难得到保障[15, 57, 58, 71-74]。隧道火灾可能成为人员群死群伤、车损洞毁、交通中断的重大恶性火灾，会造成巨大的经济损失和恶劣的社会影响（图6.1.2）。

图6.1.1　公路隧道火灾时的烈火和浓烟

图6.1.2　火灾后的浙江猫狸岭隧道壁面

6.1.2 公路隧道火灾发展与烟气蔓延

隧道是狭小的近似封闭的空间，火灾时热量迅速堆积，燃烧强度大。且由于通风不足，不完全燃烧所产生的烟气是导致人员死亡的最主要因素。

火灾烟气流动是一种复杂的浮力驱动流[53, 75, 76]。火灾发生后，在火源的作用下，上方的空气温度升高、密度降低，被加热的隧道上方空气在浮力的作用下，夹带着烟层向上运动，在此过程中不断卷吸周围的新鲜空气，形成火羽流。火羽流上升到一定高度后，撞击隧道顶面，然后向四周扩散蔓延。最终，烟气受到隧道侧壁的限制而转变为沿隧道的近似一维运动（图6.1.3）。

火灾发生后，随着燃烧物质的增加，燃烧反应愈加激烈，烟气温度也随之迅速升高。在火灾初期，隧道内供氧充足，其燃烧过程表现为富氧燃烧，火势逐渐增大，烟气温度不断升高。随着时间的推移，可燃物不再增加，火势逐渐稳定，烟气的最高温度将维持在一定范围内。随着隧道内的可燃物的逐渐减少，直到可燃物被燃烧殆尽，燃烧反应强度不断下降。此时，火势逐渐减弱，烟气的最高温度逐渐回落[1-3, 45, 50, 52, 71]。

火灾烟气在蔓延过程中，其温度逐渐降低，沿隧道呈幂指数分布。同时，烟气将卷吸下方空气，厚度不断增加，速度不断降低，最终弥漫在隧道中（图6.1.4）。

图 6.1.3　公路隧道洞口处的火灾烟气　　图 6.1.4　火灾发生后隧道内烟气弥漫

纵向风的存在是隧道火灾的一个显著特点。当隧道内的纵向风速较小时，火源上游的烟气将沿顶面逆风蔓延，形成烟气逆流。当隧道内纵向风速大于临界纵向抑制风速时，烟气逆流现象消失，烟气运动变为沿火源下游的单向蔓延。

6.2　运行车辆影响下的火灾烟气输运

6.2.1　公路隧道火灾初期车辆运动的必然性

绝大部分的火灾烟气研究关注的都是火灾的全过程。但是对于火灾中的人员疏散而言，最关键的却是火灾的初期。因为火灾初期是救援人员还未赶到现场的救援空白期。在这段空白期中，火势缺乏有效的控制，人们缺乏有效的救援指引。因此，人们的无组织逃生行为将对后续的救援实施造成巨大的甚至难以逆转的影响[77-80]。明确公路隧道火灾初期无组织逃生行为，对排烟系统的优化和救援疏散的组织都有着重要的意义。

目前，此方面的大部分研究均不考虑隧道内车辆的运动对烟气输运行为的影响。但是前面的研究结论已经表明，隧道内行驶的车辆对隧道内的流场有着强烈的扰动。在公路隧道火灾初期，忽略车辆运行的影响而单独研究火灾烟气的流动行为是不全面和不客观的。

本书设计了公路隧道火灾初期无组织逃生行为调查问卷。针对5个省市3659名驾驶员进行了问卷调查，并对182名调查对象和32名隧道火灾亲历者进行了访谈。在此基础上，分析了在各类火灾状况下，人们的无组织逃生行为统计规律及心理特征。调查研究表明，在公路隧道火灾初期，隧道内车辆的继续行驶是必然的。调查情况及结论简要叙述如下。

本次调研主要采用随机抽样的方法（网络问卷、纸质问卷、随机访问），并结合隧道火灾亲历者访谈的方式进行。本次调研历时3年零4个月，于2015年夏季开始，并于2018年冬季结束。此次调研，抽样比例以2016年全国机动车驾照持有人数（3.6亿人）的1/100000为基准，预计调研3600名机动车驾驶员，实际调研3659名驾驶员，有效样本数量为3598名，样本有效率为98.33%。有效调研样本覆盖5个省（直辖市）13个城市。部分调查对象及火灾亲历者的访谈于问卷调查同步进行，于2018年秋季结束，共计访谈182名调查对象和32名隧道火灾亲历者。

在本次调查中，基于4类火灾发生地点，3类火势及烟气浓度，共设置10种火灾情景，如表6.2.1所示。按照火灾与车辆的相对位置共分为4组情景，第一组共1个情景，即车辆后方发生火灾。第二组到第四组中，每组共3个情景，分别为火灾在车辆前方约300m处，100m处，以及火灾就发生在车辆的侧前方。在每个火灾相对位置下，又根据火势的大小和烟气的浓度进行区分。分别描述为"零星火苗，视野及道路清晰"，"明显火焰，烟气弥漫，视野模糊，但道路尚可辨认"，以及"较大火焰，烟气浓重，视野模糊，道路需仔细辨认"。此外，为了在调查中能给被调查者直观的视觉感受，每一类情景都配以模型火灾照片。

3598名调查对象的所在地区来自北京、上海、浙江、江苏、四川5个省市的13个城市。调查对象的年龄跨度为48岁，最小19岁，最大67岁，平均38.5岁（图6.2.1）；最长驾龄19年，平均驾龄8.8年（图6.2.2）。

调查数据显示，当在行驶过程中，发现后方发生事故火灾，97.8%的人员选择继

第6章 公路隧道火灾烟气输运行为及自然排烟

问卷调查中的 10 类隧道火灾情景 表 6.2.1

编号	火灾位置	火势大小及烟气浓度描述
A-1	车辆后方	—
B-1	车辆前方 300m	零星火苗，视野及道路清晰
B-2	车辆前方 300m	明显火焰，烟气弥漫，视野模糊，但道路尚可辨认
B-3	车辆前方 300m	较大火焰，烟气浓重，视野模糊，道路需仔细辨认
C-1	车辆前方 100m	零星火苗，视野及道路清晰
C-2	车辆前方 100m	明显火焰，烟气弥漫，视野模糊，但道路尚可辨认
C-3	车辆前方 100m	较大火焰，烟气浓重，视野模糊，道路需仔细辨认
D-1	车辆侧前方	零星火苗，视野及道路清晰
D-2	车辆侧前方	明显火焰，烟气弥漫，视野模糊，但道路尚可辨认
D-3	车辆侧前方	较大火焰，烟气浓重，视野模糊，道路需仔细辨认

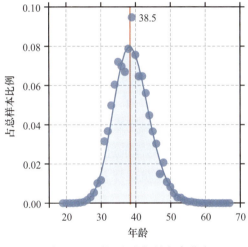

图 6.2.1 对调查者年龄频率分布

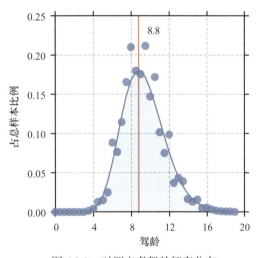

图 6.2.2 对调查者驾龄频率分布

续行驶，其余 2.2%（79 人）选择弃车步行。总体而言，当车辆后方发生火灾时，绝大多数（约 98%）的驾车人员的选择是继续向前行驶（图 6.2.3）。

当火灾发生在车辆前方的时候，平均有 43.33% 的人员选择继续驾车前进，其余 56.67% 的人员选择弃车步行逃生。

图 6.2.4 显示了当火灾位于不同的相对距离时，人员逃生行为的选择比例。从图中可以看出，当驾车人员发现前方约 300m 处发生火灾时，平均 36.31% 的驾车人员选择继续驾车前进。当火灾的事发地点在前方约 100m 时，选择继续驾车前进人员比例降为 22.62%，剩下的 77.38% 选择弃车步行逃离。当火灾就发生在侧前方时，选择继续驾车前进的比例上升至 71.06%。

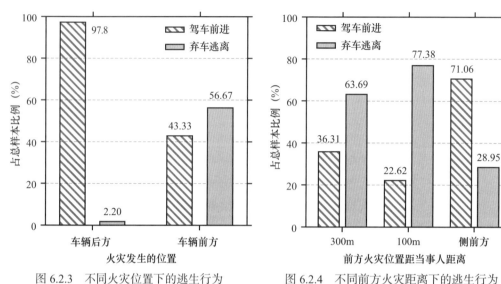

图 6.2.3　不同火灾位置下的逃生行为　　图 6.2.4　不同前方火灾距离下的逃生行为

当火灾在前方较远处时，驾车人员对前方的事故状态、火势情形等具体情况掌握较少。而且由于距离较远，暂时还感受不到远处的火灾对自身的威胁。其实，这就是由于距离较远，不充分的信息不足以形成个体心理上认可的逃生行为判断。同时，也鉴于暂时危险性较低，希望再靠近些，再做决定。

调查显示，当距离火源较远时（相距300m），在"零星火苗，视野清晰"的情形下，有87.34%的人员选择继续驾车前进；在"明显火焰，烟气弥漫，视野模糊，但道路尚可辨认"的情形下，仍旧有21.57%的人员选择继续驾车前进；当"较大火焰，烟气浓重，视野模糊，道路需仔细辨认"时，绝大部分的人员选择弃车步行逃生，但是其中仍有0.86%的人员选择继续驾车前进。

当与火灾事故地点逐渐靠近，驾车人员掌握的信息也较远处要丰富。此时，前方事故车辆的状况、火势大小、烟气的浓度、道路的堵塞情况，这些都会影响最终人们的逃生行为权衡。较为充足的信息量为形成明确的逃生行为判断提供了条件。但同时，由于与火灾地点距离的缩短，也导致危险性的增大。火焰和浓烟会增加人们对火势的忌惮和对自身安危的担忧。人们会通过对火势的预测，以及对通过时间的预测，并综合各方面的因素做出逃生行为判断。于是，在这些区域，选择继续驾车前进人员平均比例降为22.62%，剩下的77.38%选择弃车步行逃离。

调查显示，当距离火源约100m时，在"零星火苗，视野清晰"的情形下，有54.39%的人员选择继续驾车前进；在"明显火焰，烟气弥漫，视野模糊，但道路尚可辨认"的情形下，仍旧有13.46%的人员选择继续驾车前进；当"较大火焰，烟气浓重，视野模糊，道路需仔细辨认"时，绝大部分的人员选择弃车步行逃生，只有0.43%的人员选择继续驾车前进。

当火灾就发生在侧前方时，按理说可以获得更为详细的信息用于逃生行为的判断。但是正是由于距离太近，人们没有足够的时间去观察火灾情况并作出判断。在约3秒左右的时间内，人的行为更多地被本能反射所支配。在此时，求生是最为主要的本能反射。此时，快速离开火灾现场是人们的第一选择，多数驾车人员都会选择加速向前行驶。由于选择的局限性，并且需要在短时间内做出决断，此时，选择继续驾车前进的比例上升至71.06%。

调查显示，当火灾就发生在侧前方时，在"零星火苗，视野清晰"的情形下，有将近99.53%的人员选择继续驾车前进；在"明显火焰，烟气弥漫，视野模糊，但道路尚可辨认"的情形下，仍旧有90.73%的人员选择继续驾车前进；当"较大火焰，烟气浓重，视野模糊，道路需仔细辨认"时，大部分的人员选择弃车步行逃生，但是仍有22.91%的人员选择继续驾车前进（图6.2.5）。

总而言之，无论人们的选择和决定是否正确，在公路隧道火灾初期，隧道内车辆的继续行驶是必然的。

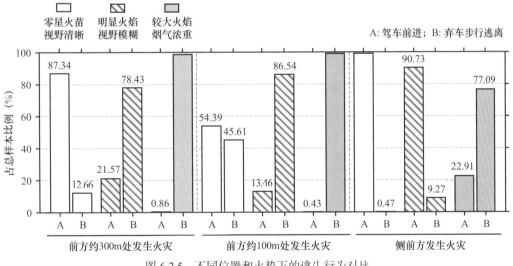

图 6.2.5　不同位置和火势下的逃生行为对比

6.2.2　运行车辆影响下的公路隧道烟气流动实验

实验中使用汽油、柴油和木屑的混合物作为燃烧物，以模拟真实的汽车燃烧产物。实验中根据不同的模型火灾功率（445MW、1000MW、1780MW），使用3种尺寸的油盆（2.0cm×2.0cm、3.0cm×3.0cm 和 4.0cm×4.0cm）。这三类模型火灾功率，分别对应 3.46MW、7.78MW 和 13.84MW 的实际火灾功率。

为了能在车辆行驶的同时进行火灾实验，油盆由一根钢丝悬挂在隧道顶部，距离入口4m，距离传送带表面约10mm。本书针对3种火灾功率和14种车速（0.2~1.5m/s，增量为 0.1m/s）进行了 42 次实验。表 6.2.2 列出了详细的实验方案。

公路隧道火灾实验方案 表 6.2.2

实验组别	燃烧功率 W（MW）	油盆面积 mm×mm	模型车速 m/s（km/h）	电机转速 r/min
A 组	445（3.46）	20×20	0.2~1.5，以 0.1m/s 递增（2.2~32.4）	48~720
B 组	1000（7.78）	30×30	0.2~1.5，以 0.1m/s 递增（2.2~32.4）	48~720
C 组	1780（13.84）	40×40	0.2~1.5，以 0.1m/s 递增（2.2~32.4）	48~720

本实验在机械传动实验平台上进行，实验平台中的火源位置，车辆间距等布置方案如图 6.2.6 所示。此外，为了方便讨论，本书中对公路隧道火灾烟气的上下游定义如图 6.2.7 所示。以火源为起点，沿车辆行驶方向（隧道内的纵向气流方向）为烟气的下游，逆车辆行驶方向为烟气的上游。实验中采用片状激光结合隧道中的火灾烟气实现隧道烟气流场的可视化。在隧道侧边设置三个高速摄像头记录隧道内烟气的流动蔓延情况。

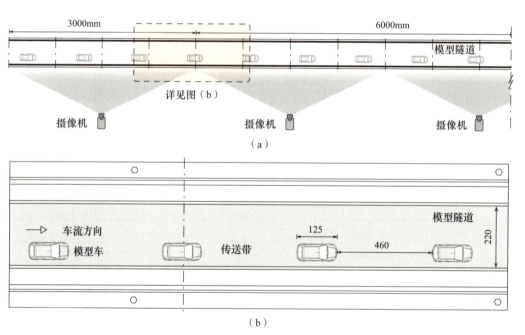

图 6.2.6 火灾烟气实验平台侧面及平面结构

图 6.2.7 公路隧道火灾烟气的上下游定义

6.2.3 公路隧道火灾烟气输运行为

火灾形成的火羽流在撞击隧道顶面后向四周蔓延，最终受到隧道侧壁的限制而转变为向两侧的水平流动（图6.2.8）。由于火焰的摇晃和燃烧的脉动性，顶部的烟气也以脉冲波的形式一团一团地向两侧流动，类似间歇性地顶棚射流。在火源附近，这种脉动现象较明显，烟层中会出现一连串地漩涡，紊流强烈，涡流速度较大。随着距离的增大，紊流度逐渐降低，涡流速度放缓（图6.2.9）。

行驶的车辆会在公路隧道中形成周期性的脉动流场。前期已通过理论分和实验测量给出了车辆运行时，公路隧道中的流速分布公式。在稳定的流场中，隧道中的流速沿高度降低，在整个隧道高度上呈S形分布。火灾上游的烟气会与隧道中的纵向气流（由运动车辆引起）相撞，烟气逆流现象随即产生。

图6.2.8 火羽流撞击隧道顶面

图6.2.9 顶部烟气向两侧流动

（1）上游烟气的流动与形态

当车辆的速度较低时，隧道顶部会出现一种特殊的流动现象。烟层下方的烟气，因本身动量较低，会随纵向气流向火源方向流动。同时，因其密度小于周围的空气，这部分烟气又一直浮于空气上方。当车速较小时，在烟气和空气的分界面处会形成一定厚度且反向流动的层流烟气。于是，同一烟气层中将出现两种流向（图6.2.10（c））。此现象会在火灾过程中一直存在，除非，车速超过临界车速，引起烟层分层结构失稳。当公路隧道中的车速较大时，运行车辆引发的气流脉动将引起隧道上层烟气结构的失稳。烟锋处的绝大部分流态转变为与纵向气流同向的湍流流动。逆向的烟层只存在于贴近隧道顶部壁面的较小厚度的空间内。图6.2.10（d）为在较大车速下，隧道内火灾烟气上游的烟层结构和流态。

随着烟气的蔓延，烟气的温度不断衰减。又因其沿途卷吸周围空气，导致流动速度逐渐降低。蔓延一段距离后，当浮力作用逐渐衰退，以至不足以维持其悬浮状态时，烟气前锋开始下沉。在纵向气流的作用下，出现逆流现象（图6.2.10（a））。烟气前锋会逐渐下沉至行车区域，受车辆头部撞击而向上翻卷，受车尾的卷吸而又被卷入尾流。于是，这部分烟气会被迅速搅散，弥漫在隧道中。但实验证明，烟气前锋的下沉现象不会持续发生，下沉到行车区域的烟气量是有限的。这部分烟气会被车辆带入的洁净空气迅速稀释，弥漫在隧道中稀薄的烟气不会对视野造成影响。

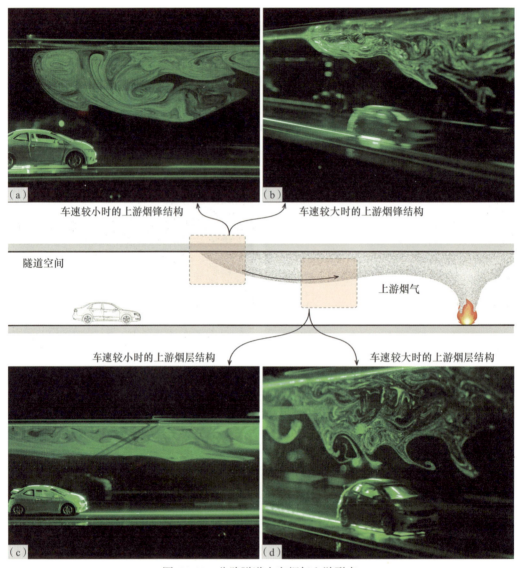

图 6.2.10　公路隧道火灾烟气上游形态
（a）车速较小时的上游烟锋结构；（b）车速较大时的上游烟锋结构；
（c）车速较小时的上游烟层结构；（d）车速较大时的上游烟层结构

烟气前锋的停滞和下沉现象表明，蔓延的烟气和纵向气流即将建立一个平衡状态。在这平衡状态下，烟气层的重力效应和浮力效应相抵消，烟气的动量和纵向气流的动量相抵消。烟气前锋在隧道顶部形成一个相对稳定的"楔形"。顶部由火源蔓延过来的烟气量与下层逆流的烟气量相等，烟气前锋保持着一种动态的平衡（图6.2.11）。随着火势的消退，"楔形"的烟气前锋逐渐相火源回退（图6.2.10（a））。上游的烟气蔓延距离逐渐缩短。在整个过程中，火灾上游的烟气一直保持稳定的分层结构，界面清晰，下层空气洁净。当车速较小时，烟气前锋能保持着一种动态平衡，呈现出完整的结构形态。当车辆的速度较大时，稳定的烟层结构被打破，烟层呈现出一种较为凌乱的紊流状态（图6.2.10（b））。

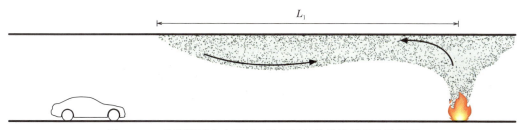

图6.2.11　公路隧道火灾烟气上游烟层结构及输运行为示意图

（2）下游烟气的流动与形态

由于运动车辆会在隧道中产生脉动的纵向气流，这使得火灾下游烟气的流动和上游烟气的流动有着本质的区别。

在火灾上游，由于烟气的蔓延方向和纵向气流相反，烟气的流动主要是黏性和惯性力综合作用的结果，表现出的是一种反向流剪切。而在火灾下游，烟气的蔓延方向与纵向气流方向一致，表现出的是一种同向流剪切。显然，反向流剪切的作用力要比同向流剪切的作用力大得多。反向流剪切会大幅压缩烟气的蔓延距离，使烟气在离火源较近的短距离内堆积。由于距离火源较近，烟气的浮力效应较强，烟气的分层结构也较稳定。在火灾下游，纵向气流不但没有抑制烟气的蔓延，而且还"帮"着烟气向前流动。

在离火源较近处，由于烟气的蔓延速度要高于纵向气流的速度，烟气层表现为一团团下卷的涡流。随着烟层的蔓延，烟气流动速度逐渐放缓。当烟气的蔓延速度低于纵向气流速度时，烟气层表现为一团团上卷的涡流（图6.2.12（a））。且由于纵向气流的存在，烟气下层的逆流现象无法形成，分界面处平稳的层流烟气也因此不可能存在。与上游的烟气流动相比，下游的烟气层显得较为凌乱，烟气与下方空气的分界面也不清晰。尽管如此，当车速小于临界车速时，隧道下层的空气还是洁净的。当隧道内的车速较大时，运行车辆的卷席作用较强，顶部烟层结构被破坏，烟气被卷入隧道下层空间（图6.2.12（b））。

在蔓延过程中，由于烟气温度的不断衰减，浮力效应的不断减弱，烟气前锋出现下沉是一种必然。在火灾下游，下沉烟气的流动特性与上游完全不同。烟气前锋下沉后到达行车区域,在行驶车辆的撞击和卷吸下,与下层空气充分混合(图6.2.12(c))。于是,由温差产生的浮力效应完全消失,但重力效应依然存在。由于烟尘颗粒的密度要大于空气,所以下沉后的烟气将一直停留在隧道的下层空间,在行驶车辆的扰动下,形成及其复杂的紊流,并随车辆向前流动,并弥漫在整个隧道空间(图6.2.12(d))。

与上游的情况不同,在整个火灾过程中,下游烟锋的下沉现象将一直存在。烟锋下沉后,与底层的空气掺混,又被行驶的车辆带走,与此同时,上层的烟气又源源不断地下沉(图6.2.13)。

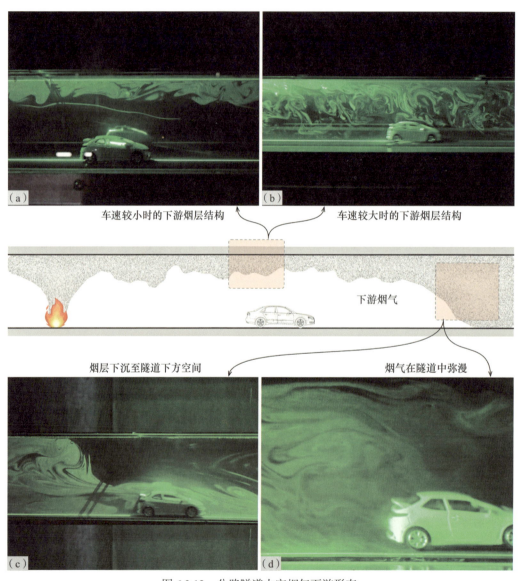

图6.2.12 公路隧道火灾烟气下游形态
(a)车速较小时的下游烟层结构;(b)车速较大时的下游烟层结构;
(c)烟层下沉至隧道下方空间;(d)烟层在隧道中弥漫

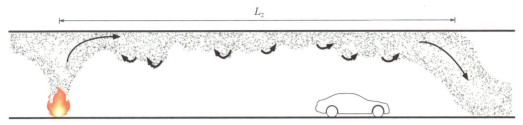

图 6.2.13　公路隧道火灾烟气下游烟层结构及输运行为示意图

图 6.2.12（c）显示的是火灾下游的烟气下沉现象。在下沉过程中，烟气本身的动量已经耗散殆尽，只是随着纵向气流流动。所以，此时烟气和空气的分界面形状正是由运动车辆引起的纵向气流沿隧道高度的速度分布曲线。这和本书前文给出的结果非常一致。

实验表明，火灾下游烟气的下沉现象会使隧道下层空间充满烟尘和有毒气体，严重影响视野，对逃生和救援也极为不利。所以明确下游烟气的蔓延距离、设计合理的排烟方案，避免火灾时下游烟气的下沉现象，对公路隧道火灾逃生和救援至关重要。

6.3　隧道火灾烟气分层结构与顶部自然排烟

6.3.1　公路隧道火灾烟气的分层结构

所谓分层流，是指密度或熵不均匀的流体运动。对于不可压缩流体而言，指的是密度的不均匀；对于可压缩流体而言，指的是熵的不均匀。分层流是自然界中非常普遍的一种自然现象（图 6.3.1、图 6.3.2）。具有自由表面的流动是自然界中分层流的一个特例[81]。

图 6.3.1　水与空气呈现分层结构

图 6.3.2　隧道内烟气与空气的分层

我们知道，当流体静止时，流体的密度分布或熵的分布必须满足一定的条件才是稳定的。比如，热空气在上方，冷空气在下方，或者油在上方，水在下方，这些时候的流体都是稳定的。对于已经达到稳定状态的不可压缩流体而言，其密度随垂直高度的增加而减小。对于可压缩流体而言，其熵随高度而增加。

为了更好地说明问题，我们假定一个流体微团，在扰动的作用下，在已经达到稳定状态的流体中发生了一小段的位移。假如流体为不可压缩流体，于是流体中的密度分布满足：当该流体微团发生的是向上的偏移，偏移之后由于其周围流体密度小于其本身的密度，该微团受到的浮力小于其重力，微因下沉；同理，当流体微团发生的是向下的偏移，则浮力大于重力，微团上浮。由此可见，在这样的流体环境中，微团在受到外力扰动之后，总能回到原来的平衡位置（图6.3.3）。所以，在这种密度分布下，该流体是稳定的[82-88]。

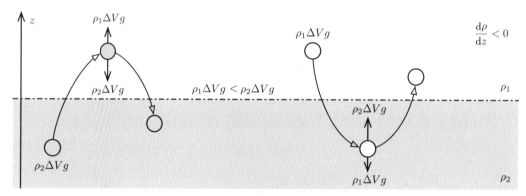

图 6.3.3 稳定分层流的密度分布

$$\frac{\mathrm{d}\rho}{\mathrm{d}z} < 0 \tag{6.3.1}$$

在不可压缩分层流体的研究中，为了分析密度变化而产生的影响，我们要在重力项中体现密度变化的效应，而在其他方面将密度视为常量。这就是著名的Boussinesq近似。基于该近似，不可压缩分层流体的控制方程为[81,89]：

$$\frac{\mathrm{D}\rho}{\mathrm{D}t} = 0 \tag{6.3.2}$$

$$\frac{\partial \rho}{\partial t} + \frac{\partial(\rho u)}{\partial x} = 0 \tag{6.3.3}$$

$$\rho \frac{\mathrm{D} u_i}{\mathrm{D}t} = -\frac{\partial p}{\partial x_i} + \rho X_i \tag{6.3.4}$$

式中，X 为体积力。

在不可压缩流体中，密度的非均匀性将通过两条途径来影响流体的运动，即惯性效应和重力效应。为单独分析这两类效应，下面我们对惯性效应和重力效应进行分别阐述，在分析其中一种效应时忽略另外一种效应的影响。

（1）密度变化的惯性效应

基于上面的思想，我们假定流体处在一个无重力的环境中，以排除重力影响。于是，不可压缩定常流的基本方程为[81, 86, 87]：

$$u\frac{\partial \rho}{\partial x} = 0 \tag{6.3.5}$$

$$\frac{\partial u}{\partial x} = 0 \tag{6.3.6}$$

$$\rho u \frac{\partial u_i}{\partial x} + \frac{\partial p}{\partial x_i} = 0 \tag{6.3.7}$$

式（6.3.5）表示密度的迁移导数为零，所以在运算时，密度可以和迁移导数的符号相互交换次序。基于这一事实，变换如下：

$$u'_i = \sqrt{\frac{\rho}{\rho_0}} u_i \quad p' = p \tag{6.3.8}$$

同理，式（6.3.6）和式（6.3.7）可改写为：

$$\frac{\partial u'}{\partial x} = 0 \tag{6.3.9}$$

$$\rho u' \frac{\partial u'_i}{\partial x} + \frac{\partial p'}{\partial x_i} = 0 \tag{6.3.10}$$

变换后的物理量用"′"来标记，成为关联速度。很明显，式（6.3.9）和式（6.3.10）为不可压缩均密度流体的流动控制方程。对于每一个均密度的关联流动，都存在着无数个非均密度的流动，其速度和密度之间的关系由式（6.3.8）来进行表达。这就是说，当流体的密度增加时，其速度减小；当流体的密度减小时，其速度增加。这种惯性效应的物理意义以及其显现出来的物理现象是通俗且显而易见的。

由于本书关注的是公路隧道中的低速流动问题，所以本书中暂且不讨论可压缩流体的情况。

（2）密度变化的重力效应

现在来考察密度变化的第二种效应，即重力效应。与讨论惯性效应时忽略重力相同；在重力效应的讨论中，我们假设流体的流动非常缓慢，以便略去动量方程中的惯性项。于是，不可压缩定常流体的动量方程为[81, 86, 87]：

$$\rho \left(u\frac{\partial}{\partial x} + v\frac{\partial}{\partial y} + w\frac{\partial}{\partial z} \right)(u, v, w) = -\left(\frac{\partial}{\partial x}, \frac{\partial}{\partial y}, \frac{\partial}{\partial z} \right) p + (0, 0, -\rho g) \tag{6.3.11}$$

式中用 (u, v, w) 表示速度向量，其余物理量也做类似的记号表示。不可压缩性方程为：

$$u\frac{\partial \rho}{\partial x} + v\frac{\partial \rho}{\partial y} + w\frac{\partial \rho}{\partial z} = 0 \tag{6.3.12}$$

对于分层流而言，可以假设：

$$\frac{\partial \rho}{\partial z} = O(1) \tag{6.3.13}$$

其中，$O(1)$ 表示 $O(1)$ 阶小量。假设缓慢流动的速度分量均为 $O(\epsilon)$ 小量，则：

$$\frac{\partial \rho}{\partial x} = O(\epsilon^2) \tag{6.3.14}$$

$$\frac{\partial \rho}{\partial y} = O(\epsilon^2) \tag{6.3.15}$$

根据连续性方程可以得到：

$$w = O(\epsilon^3) \tag{6.3.16}$$

在略去 $O(\epsilon^4)$ 阶小量后，运动方程变为：

$$\rho\left(u\frac{\partial u}{\partial x} + v\frac{\partial u}{\partial y}\right) = -\frac{\partial p}{\partial x} \tag{6.3.17}$$

$$\rho\left(u\frac{\partial v}{\partial x} + v\frac{\partial v}{\partial y}\right) = -\frac{\partial p}{\partial y} \tag{6.3.18}$$

连续性方程略去 $O(\epsilon^3)$ 阶小量后，得到：

$$\frac{\partial u}{\partial x} + \frac{\partial v}{\partial y} = 0 \tag{6.3.19}$$

从简化后的方程可以得出如下结论[81, 86, 87]：

（i）对于缓慢的分层流体流动，流体内的压力分布近似于静压分布；

（ii）分层流体在其水平面内作二维运动时，保持流体的流态（有旋或无旋）不变；

（iii）对于速度较小的分层流而言，其总尽量是在水平面内以二维的形式绕过有限物体，尽量不做垂直方向的运动。

6.3.2 公路隧道火灾烟气的稳定性

公路隧道中的火灾烟气流动是浮力效应和重力效应耦合作用下的分层流结构。在火灾早期，如果能维持烟气的分层结构，可以使烟气悬浮于隧道上部空间，这对人员疏散和逃生至关重要。

假设在公路隧道中，火灾烟气正悬浮与隧道上方。上层烟气的速度和密度为 u' 和

ρ'。隧道下层为清洁空气,其流动速度和密度分别记为 u 和 ρ(图 6.3.4)。此外,假设除烟气和空气的交界面外,流体的运动为无旋流动。因此,我们可以假设上下两层流体的速度势分别为 ϕ' 和 ϕ,扰动速度势为 ϕ'_1 和 ϕ_1。于是有:

$$\phi = ux + \phi_1 \quad (6.3.20)$$

$$\phi' = u'x + \phi'_1 \quad (6.3.21)$$

因其均满足 Laplace 方程,而且,当 $z \to \infty$ 时,$\phi'_1 \to 0$,当 $z \to -\infty$ 时,$\phi_1 \to 0$。如果界面方程为 $\zeta = \zeta(x, t)$,则两层流体的运动学条件为:

$$\frac{\partial \zeta}{\partial t} + u\frac{\partial \zeta}{\partial x} = \phi_x \quad (6.3.22)$$

$$\frac{\partial \zeta}{\partial t} + u'\frac{\partial \zeta}{\partial x} = \phi'_z \quad (6.3.23)$$

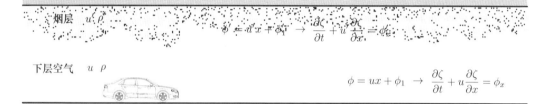

图 6.3.4 公路隧道内烟层及空气的扰动速度势及运动学条件

由 Bernoulli 方程得到:

$$\frac{p}{\rho} = -\frac{\partial \phi_1}{\partial t} - u\frac{\partial \phi_1}{\partial x} - gz \quad (6.3.24)$$

$$\frac{p}{\rho'} = -\frac{\partial \phi'_1}{\partial t} - u'\frac{\partial \phi_1}{\partial x} - gz \quad (6.3.25)$$

界面上的动力学条件为:

$$p = p' \quad (6.3.26)$$

我们取如下形式的行波解[81]:

$$\phi_1 = C\exp[kz + i(\sigma t - kx)] \quad (6.3.27)$$

$$\phi'_1 = C'\exp[-kz + i(\sigma t - kx)] \quad (6.3.28)$$

$$\zeta = a\exp[i(\sigma t - kx)] \quad (6.3.29)$$

其中,k 为波数,σ 为圆频率。ϕ_1 和 ϕ'_1 已经满足 $z = \pm\infty$ 处的条件。根据式(6.3.22)和式(6.3.23)可以得到:

$$i(\sigma - ku)a = kC \quad (6.3.30)$$

$$i(\sigma - ku')a = -kC' \quad (6.3.31)$$

根据动力学条件，我们可以得到：

$$\rho[i(ku-\sigma)C - ga] = \rho'[i(ku'-\sigma)C' - ga] \qquad (6.3.32)$$

消去常数 C、C' 和 a，得到：

$$\frac{\sigma}{k} = \frac{\rho u + \rho' u'}{\rho + \rho'} \pm \left[\frac{g}{k}\frac{\rho - \rho'}{\rho + \rho'} - \frac{\rho\rho'}{(\rho + \rho')^2}(u-u')^2\right]^{1/2} \qquad (6.3.33)$$

于是，相速度 C_ϕ 的表达式为：

$$C_\phi = \frac{\sigma}{k} = \overline{u} \pm C \qquad (6.3.34)$$

其中，$\overline{u}$ 为上下层速度以其密度 ρ 为权的平均值。C 为相对于平均速度 $\overline{u}$ 的波数。

$$C^2 = C_0 - \frac{\rho\rho'}{(\rho+\rho')^2}(u-u')^2 \qquad (6.3.35)$$

C_0 为不存在剪切时的波数。

根据式（6.3.33）、式（6.3.34）和式（6.3.35），可以导出上层烟层的不稳定条件，如式（6.3.36）和式（6.3.37）所示。

$$\rho < \rho' \qquad (6.3.36)$$

$$\rho > \rho', \frac{g}{k}(\rho-\rho') < \frac{\rho\rho'}{(\rho+\rho')(u-u')^2} \qquad (6.3.37)$$

为便于识别和表达，公路隧道下层空气的参数用下标"f"表示，上层烟气的参数用下标"s"表示。从式（6.3.33）可以看出，当两层流体的密度足够接近，且趋于连续分布时，即 $\rho \approx \rho'$，令：

$$\rho_f - \rho_s = -\frac{d\overline{\rho}}{dz}h, \quad u_f - u_s = -\frac{du}{dz}h, \quad \beta = -\frac{d\overline{\rho}/dz}{\overline{\rho}} \qquad (6.3.38)$$

将式（6.3.38）代入式（6.3.37）可以得到变换后的稳定条件式（6.3.39）。

$$\frac{(du/dz)^2}{g\beta} < \frac{2}{kh} \qquad (6.3.39)$$

其中，ρ_f 为下层空气的密度，ρ_s 为上层烟气的密度，u_f 为下层空气的流速，u_s 为上层烟气的流速，k 为下层气流中的垂直脉动波数，h 为参考长度，g 为当地的重力加速度。

从式（6.3.39）可以看出，烟气的温度、界面的剪切速度以及波数是影响烟层结构的三个参数。但是，由于下层气流中的垂直脉动波数主要由车流状态决定，火灾发生初期，很难有效控制。所以，烟气的温度和界面的剪切速度是决定上层烟气分层结构稳定性的两个主要因素。

不难看出，式（6.3.39）左边正是 Froude 数的二次方，即 Fr^2。TH Ellison 和 JS

Turner（1959）通过实验给出了管道内热浮力驱动流分层状态的 Fr 数判别方法。但是在公路隧道中，烟气分层结构的稳定性判据有着其特殊性。由于隧道下方运动车辆引起的流场并不是纯粹的纵向气流，其中还包含着垂直方向的速度脉动。此外，车头处的剥离现象和车尾处的卷吸现象更是加剧了下层流场对上层烟气的扰动。所以，在车辆运动的情况下，隧道上层的烟气更加容易失稳，烟气分层结构的稳定条件必定会更加苛刻。

为了反应垂直脉动对烟气分层结构的影响，本书将 Froude 数中的特征长度取为隧道高度 H（一般的火灾烟气研究中，将其取为烟气层的厚度）。同时，为了反应周围环境对烟气温度衰减的影响，本书在 Froude 数中加入了一个无量纲的温度比值，即 T_s/T_f。于是本书中所采用的 Froude 数的表达式为：

$$\mathrm{Fr} = \frac{\Delta U \left(T_s/T_f\right)}{\left[gH\left(\Delta T/T_s\right)\right]^{1/2}} \qquad (6.3.40)$$

其中，$\Delta u = u_f - u_s$，$\Delta T = T_s - T_f$，T_s 为烟气的平均温度，T_f 为周围环境温度，H 为隧道高度。实验证明，在车辆运行时，公路隧道内烟气的分层状态可根据 Froude 数分为 4 个区域：

• $\mathrm{Fr} \leqslant 0.52$，热浮力主导，烟气分层结构稳定，具有清晰明显的分层界面；

• $0.52 \leqslant \mathrm{Fr} \leqslant 1.41$，热浮力与气流惯性力耦合主导，烟气较为稳定，但已经出现间歇性的惯性失稳现象，只是烟层还未达到人行高度。

• $1.41 \leqslant \mathrm{Fr} \leqslant 2.25$，仍旧是热浮力与气流惯性力耦合主导，但由于剪切作用的增强，烟层的间歇性失稳现象愈发严重，烟层已经达到人行高度。

• $\mathrm{Fr} \geqslant 2.25$，气流惯性力主导，烟气层完全失稳，分层界面消失，烟气与隧道内空气完全掺混。

此处需要注意的是，$\mathrm{Fr} = 1.41$ 并非是烟层完全失稳时的临界 Froude 数，而是判定烟气是否到达隧道人行高度（1.8m）的临界 Froude 数。之所以要引入这个临界值，是因为烟气有没有弥漫至人行高度，对疏散和逃生至关重要。火灾时，为保持隧道下层空间的安全，Froude 数不应超过 1.41。

对于一般 5m 高的公路隧道而言，火灾附近的绕行车辆应降低行驶速度，尽量将行驶速度控制在 30km/h 以内。图 6.3.5 显示的是 4 个典型 Froude 数下的烟层结构。

由于火灾上下游烟气流动特性的不同，烟层稳定性条件也不同。在火灾上游，烟气蔓延长度较短，烟层较厚，但由于热量在短距离内堆积，烟气温度较高，浮力效应较强，烟气分层结构较为稳定。而在火灾下游，烟气蔓延距离较远，烟层较薄，但是由于热量的分散，烟气温度较低，浮力效应较弱，烟气分层结构的稳定性较差。图 6.3.6 为基于 Froude 数的烟气分层结构及稳定性判据。

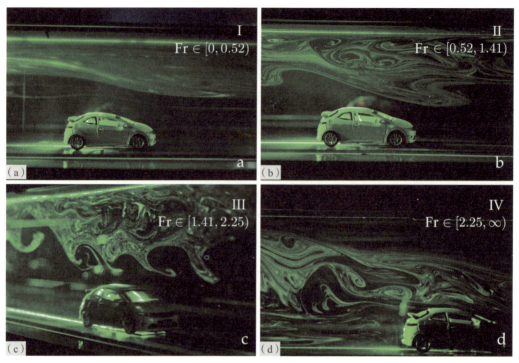

图 6.3.5 典型 Froude 数下的烟层结构及稳定性

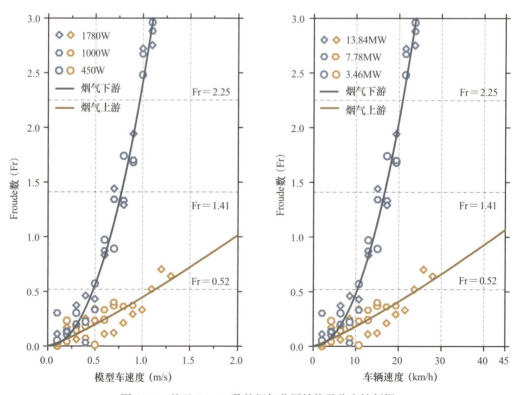

图 6.3.6 基于 Froude 数的烟气分层结构及稳定性判据

6.3.3 公路隧道顶部竖井的排烟效能

公路隧道的顶部竖井排烟主要依靠的是顶部竖井的烟囱效应。当火灾烟气流经竖井下方时，烟气在烟囱效应的作用下排出隧道。烟囱效应是隧道火灾烟气能够通过竖井排出隧道的最主要驱动力。其产生的主要原因是隧道内外存在温度差，温度的差异引起竖井上下密度的差异，于是烟气在浮力的作用下向上流动。隧道内外的温度差越大，烟囱效应就越明显[90]。

如果隧道顶部设有开口，烟气也能向外排出，只不过效率不高。烟囱效应强化了气流的流动和循环。烟囱效应的本质是在其底部构建一个稳定的低压区，把相对紊乱的气流进行梳理，让气流更加有序高效地流动[91]。

烟气在竖井自然排烟过程中主要受到了水平惯性力（烟气本身具有或隧道纵向气流流动施加）和垂直浮升力（竖井烟囱效应产生）的耦合作用。当水平惯性力过大时，会导致竖井底部拐角处流场边界层的剥离现象严重，降低排烟效能。而当垂直浮升力过大时，会导致竖井底部烟层的吸穿现象，同样会降低竖井排烟效能。水平惯性力与垂直浮升力之间需达到一种平衡点，才能使竖井获得最佳的排烟效果。

下面针对上述两个现象做具体阐述，并对竖井排烟效能进行实验测定。

烟气在流经竖井底部与隧道顶部的直角连接处时会发生流体边界层剥离现象。当烟气流出竖井底部拐角处 C 点时，烟气受到竖井内垂直浮升力和隧道内水平惯性力的联合作用。在合力的作用下，烟气的运动轨迹为一条斜向上的类抛物线。另一个方面，烟气在脱离隧道顶部壁面后，边界层遭到破坏，进而转化为紊流状态，并在过程中卷席竖井拐角处的气流，从而在其流域左侧形成漩涡区（图 6.3.7（a）和图 6.3.8）。

漩涡区的产生破坏了竖井烟囱效应的形成，占据了竖井空间，降低了排烟效能。此外，当竖井高度较小时，由于不能产生足够的垂直浮升力，隧道外侧的空气会在重力和烟气卷席的双重作用下进入竖井内部。如果竖井高度进一步降低，外侧的空气会夹带烟气倒灌进隧道内部，破坏隧道内原有的烟气分层结构（图 6.3.7（b）和图 6.3.9）。

针对模型火灾功率为 1780W 的隧道火灾实验，采用本书前文中的 C 类隧道顶部竖井布置方案，覆盖 O_{C3} 竖井，并在其下方设置火源。在距离火源 1.5m 处的竖井（O_{C4}，竖井宽度 60mm，长度 120mm）处设置速度测试点。分别针对高度为 5cm、10cm、20cm 和 40cm 的竖井高度进行竖井内排烟速度测试。

图 6.3.10 为不同高度竖井时的竖井内排烟速度。从测试结果可以看出，竖井内的排烟速度随着竖井高度的增加而增大。当竖井高度分别为 5cm、10cm、20cm 和 40cm

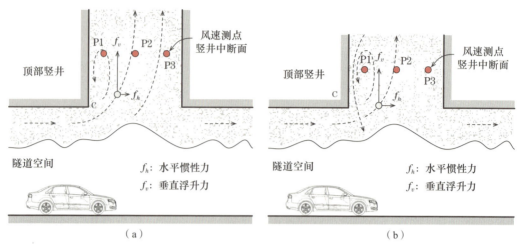

图 6.3.7 边界层剥离现象示意图及竖井内测点布置

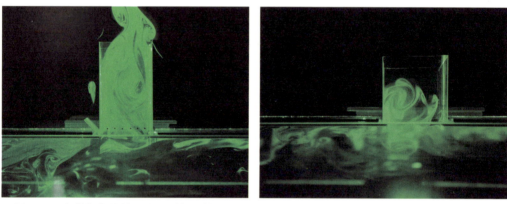

图 6.3.8 竖井拐角处的边界层剥离及漩涡区　　图 6.3.9 竖井处发生外部气流夹带烟气倒灌

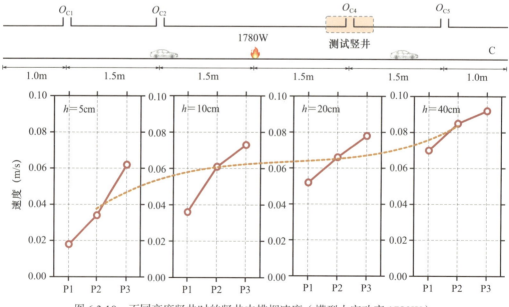

图 6.3.10 不同高度竖井时的竖井内排烟速度（模型火灾功率 1780W）

时，竖井的平均排烟速度分别为 0.038m/s、0.061m/s、0.066m/s 和 0.85m/s。此外，当竖井高度为 5cm 时，由于竖井产生的垂直浮升力较小，不足以平衡边界层剥离而造成的卷吸作用，会在竖井的拐角处出现外侧空气夹带烟气倒灌的现象（图 6.3.9）。当竖井高度为 10cm 时，烟气倒灌现象消失，其他高度的竖井均未出现类似的烟气倒灌现象。

本书中已经论证，在公路隧道火灾初期，车辆的继续运行时必然的。运行车辆会在隧道内产生带有脉动的纵向气流，此时顶部竖井处的烟气流动情况与没有车辆运行时大不相同。由于隧道内有着较为强烈的纵向脉动气流，对于普通的竖井而言，在纵向气流的卷席作用下，原来的排烟状态被竖井处的进风抑制，隧道内的绝大多数的竖井都出现了外部气流倒灌的现象（图 6.3.11）。只有火源附近的竖井，由于存在较大的温度差和较为强烈的烟囱效应，烟气仍旧可以从竖井中排出。对于此类情况，实际公路隧道工程中必须加以抑制。图 6.3.12 为改善后的竖井排烟效果，具体抑制方法在下一章中详细讨论。

图 6.3.11　车辆运行时竖井改善前排烟效果

图 6.3.12　车辆运行时竖井改善后排烟效果

尽管随着竖井高度的增加，竖井内的排烟速度也逐步提高，但是对于排烟效能而言，竖井的高度并非越高越好。因为在竖井的下方，由于烟气从竖井中排出，该处烟层将出现明显的向上凹陷。随着隧道竖井高度的增大，烟囱效应增强，施加于烟层上的垂直浮升力也随之增强，烟层的向上凹陷程度也越来越大（图 6.3.13）。图 6.3.14 中的竖井高度较低，烟层未被顶部竖井的烟囱作用吸穿，且烟层未出现明显的凹陷区。随着竖井高度的增加，烟囱效应增强，图 6.3.15 的烟层已经出现明显的凹陷区。当竖井达到一定高度时，烟尘凹陷区的最高点进入竖井的下端开口。这标志着此处的烟层被完全吸入竖井，图 6.3.16 为隧道中的烟层被吸穿的瞬间场景。随着竖井高度的进一步增加，烟囱效应将进一步增强，烟层将被吸穿（图 6.3.17）隧道内的下层空气将被直接吸入竖井，导致竖井排烟效果显著下降。

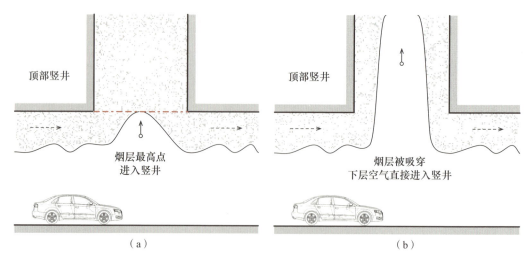

图 6.3.13　隧道内火灾烟层被吸穿示意图

图 6.3.14　烟层未被吸穿无明显凹陷区

图 6.3.15　烟层未被吸穿但出现凹陷区

图 6.3.16　烟层被吸穿的瞬间

图 6.3.17　烟层被吸穿

竖井下方的烟层厚度测试一般采用红外线感应或间接测试竖井内温度然后进行转换。但是由于吸穿部位一般位于烟层的中间，其周围有烟层包围，此外隧道及竖井内的流场为紊流状态，特别是在运行车辆的卷吸作用下，烟层温度和隧道下层温度较难区分，采用上述两类方法容易造成较大的偏差。本书结合烟层可视化方案直接采用影像记录的方式进行竖井下方烟层厚度观测和烟层吸穿状态判定。

实测结果表明，随着竖井高度的增加，竖井下方的烟尘厚度逐渐降低。图 6.3.18 为不同竖井高度下竖井下方的平均烟层厚度。当模型隧道火灾功率为 1.0kW 时（相当于实际火灾燃烧功率 7.78MW），高度为 5cm 的竖井下方烟层的平均厚度为 3.8cm，当竖井高度增加为 10cm 时，烟层厚度为 1.3cm，当竖井高度为 15cm 时，烟层被吸穿。当模型隧道火灾功率为 1.78kW 时（相当于实际火灾燃烧功率 13.84MW），高度为 5cm 的竖井下方烟层的平均厚度为 5.3cm，当竖井高度增加为 10cm 和 15cm 时，竖井下方的平均烟层厚度降低为 3.6cm 和 1.2cm，当竖井高度为 20cm 时，烟层被吸穿。

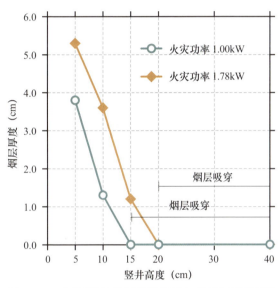

图 6.3.18 不同竖井高度下竖井下方的平均烟层厚度

综上所述，在本书的实验中，高度为 5cm 的竖井中由于边界层剥离现象，容易发生隧道外侧气流的倒灌现象，而 15cm 及以上高度的竖井由于烟囱效应过强，容易发生烟层的吸穿现象，故本书后续的实验采用的是竖井高度为 10cm。在实际隧道的建设中，为同时抑制边界层剥离和吸穿现象，确保隧道竖井的排烟效能，本书建议实际公路隧道顶部竖井的高度应控制在 3~4m 之间。

6.4 本章小结

隧道狭长，近乎为封闭空间，相比其他类型的火灾，隧道火灾具有其特殊性。火灾及烟气蔓延速度快，燃烧热会在短时间内堆积，导致隧道内部温度迅速上升。不完全燃烧所产生的烟气是导致人员死亡的最主要因素。

公路隧道中的火灾烟气流动是浮力效应和重力效应耦合作用下的分层流结构。在火灾上游，由于热量在短距离内堆积，烟气温度较高，浮力效应较强，烟气分层结构较为稳定。而在火灾下游，由于热量的分散，烟气温度较低，浮力效应较弱，烟气分层结构的稳定性较差。

火灾初期无组织逃生行为调研研究表明，当车辆后方发生火灾时，约98%的驾车人员的选择是继续向前行驶，当火灾发生在车辆前方的时候，平均有43.33%的人员选择继续驾车前进，其余56.67%的人员选择弃车步行逃生。总而言之，在公路隧道火灾初期，隧道内车辆的继续行驶是必然的，忽略运行车辆而纯粹研究公路隧道火灾初期的烟气特性，其考虑的因素是不全面的。

火灾形成的火羽流在撞击隧道顶面后向四周蔓延，最终受到隧道侧壁的限制而转变为向两侧的水平流动。隧道顶部的烟气也以脉冲波的形式一团一团地向两侧流动，类似间歇性地顶棚射流。在烟气的上游，烟气和空气的分界面处会形成一定厚度且反向流动的烟气。随着车速的增加，上游的烟气蔓延距离逐渐缩短，能较好地保持稳定的分层结构。在火灾下游，烟气的蔓延方向与纵向气流方向一致，表现出的是一种同向流剪切。下游的烟气层显得较为凌乱，烟气与下方空气的分界面也不清晰。

在火灾早期，如果能维持烟气的分层结构，可以使烟气悬浮于隧道上部空间，这对人员疏散和逃生至关重要。研究表明，当 $Fr \leqslant 0.52$，热浮力主导，烟气分层结构稳定，具有清晰明显的分层界面。当 $0.52 \leqslant Fr \leqslant 1.41$，热浮力与气流惯性力耦合主导，烟气较为稳定，但已经出现间歇性的惯性失稳现象，只是烟层还未达到人行高度。当 $1.41 \leqslant Fr \leqslant 2.25$，仍旧是热浮力与气流惯性力耦合主导，但由于剪切作用的增强，烟层的间歇性失稳现象愈发严重，烟层已经达到人行高度。当 $Fr \geqslant 2.25$，气流惯性力主导，烟气层完全失稳，分层界面消失，烟气与隧道内空气完全掺混。

烟气在竖井自然排烟过程中主要受到了水平惯性力和垂直浮升力的耦合作用。当水平惯性力过大时，会导致竖井底部拐角处流场边界层的剥离现象严重，降低排烟效能。而当垂直浮升力过大时，会导致竖井底部烟层的吸穿现象，同样会降低竖井排烟效能。水平惯性力与垂直浮升力之间需达到一种平衡点，才能使竖井获得最佳的排烟效果。在实际隧道的建设中，为同时抑制边界层剥离和吸穿现象，确保隧道竖井的排烟效能，本书建议实际公路隧道顶部竖井的高度应控制在3~4m之间。

第7章 公路隧道自然通风模型及强化措施

7.1 公路隧道竖井自然通风模型

7.1.1 顶部开口公路隧道自然通风平衡方程

公路隧道中的空气流动是在有限空间内车辆行驶而引发的拖拽流动。本书前文中已经论证，可以将其理解为由粗糙下垫面平移而引起的 Couette 流动。在单向连续车流下，公路隧道内的流场从上到下可以分为壁面影响区、车辆影响区和紊流底层3个区域。隧道内各点的逐时压力表现为周期不对称的类正弦脉动。

在顶部（或侧壁）设有多处通风孔的单向公路交通隧道中，车辆运动产生的交通风力将在竖井处形成震荡性的压力波动，从而使隧道内部空气与外界得以反复交换。在后续的研究中，不少学者认为气流会在隧道顶部竖井处形成"呼吸"现象，即气流在竖井处反复流进和流出。本书对顶部竖井处的"呼吸"现象存在质疑，认为顶部竖井处的"呼吸"现象并不是一个必然现象，只是隧道内湍流的不确定湍动，从而在顶部开口附近形成的一个受限的剥离现象。在通常情况下，顶部竖井处的压力波动引发的只是气流速度大小的波动，而不会引起气流方向的改变。只有在车辆的间距和阻塞面积都较大的情况下（类似地铁），才有可能出现隧道顶部竖井内的呼吸现象。

为研究公路隧道顶部开口处的自然通风特性，取隧道顶部开口下方的一个封闭空间作为一个研究系统（灰色阴影区域），如图7.1.1所示。在底层运动车流的连续作用下，如同隧道内的流场一样，顶部井口处的流场也必然是逐渐建立并发展，然后到达稳定状态。假设在某一时刻，经系统左边侧面流入系统的空气体积流量为 Q_a，经系统右边侧面流出系统的空气体积流量为 Q_b，经顶部开口流入系统的空气体积流量为 U（由外向内为正）。

由于隧道内的空气可以看成为不可压缩气体，所以该系统内的体积容量保持一定。由此建立顶部开口公路隧道自然通风平衡，如式（7.1.1）所示。

与高度方向上流场的发展规律相似，刚从隧道外界进入隧道的空气不可能立即获得隧道内稳定流场的运动参数，其必定是经历一段时间后，逐渐发展，然后达到稳定的。式（7.1.2）公路隧道流场的渐进衰减函数。

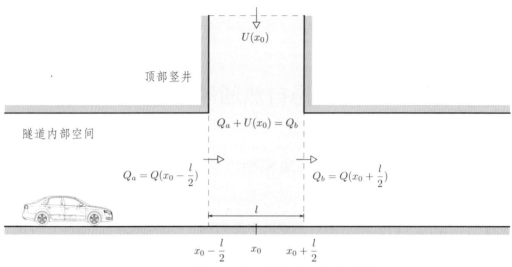

图 7.1.1 顶部开口公路隧道自然通风平衡分析

$$Q_a + U = Q_b \tag{7.1.1}$$

$$\psi(z,t) = 1 - \frac{9.6H}{t}\frac{z-h}{H-h} \quad (h \leqslant z \leqslant H; t > 0) \tag{7.1.2}$$

在公式第二项的分子和分母中同乘以速度 v，得到：

$$\psi(z,t) = 1 - \frac{9.6Hv}{vt}\frac{z-h}{H-h} \quad (h \leqslant z \leqslant H; t > 0) \tag{7.1.3}$$

其中，$vt = x$，代入式（7.1.3），得到：

$$\psi(x,z) = 1 - \frac{9.6Hv}{x}\frac{z-h}{H-h} \quad (h \leqslant z \leqslant H; x > 0) \tag{7.1.4}$$

本书在前文中已经推导出公路隧道的流场分布及发展方程［式（7.1.5）、式（7.1.6）和式（7.1.7）］。

$$u_1(z,t) = \frac{1}{\kappa}\sqrt{\frac{\tau}{\rho}}\left[\ln\left(\frac{H-z}{\nu}\sqrt{\frac{\tau}{\rho}}\right) + 2.04\right]\psi(z,t) \quad h_v \leqslant z \leqslant H \tag{7.1.5}$$

$$u_2(z,t) = \left[v_0 - \frac{1}{\kappa}\sqrt{\frac{\tau}{\rho}}\left(\ln\frac{z-h}{\epsilon} + 8.5\right)\right]\psi(z,t) \quad h \leqslant z < h_v \tag{7.1.6}$$

$$u_3(z,t) = v_0 \quad 0 \leqslant z < h \tag{7.1.7}$$

令 W 为隧道的宽度，在壁面影响区中，时间 t 内流过隧道截面的总体积流量为：

$$Q_1 = \int_0^t\int_{h_v}^H Wu_1 \mathrm{d}z\mathrm{d}t = \int_0^t\int_{h_v}^H W\frac{1}{\kappa}\sqrt{\frac{\tau}{\rho}}\left[\ln\left(\frac{H-z}{\nu}\sqrt{\frac{\tau}{\rho}}\right) + 2.04\right]\psi(x,z)\mathrm{d}z\mathrm{d}t \tag{7.1.8}$$

在车辆影响区中，时间 t 内流过隧道截面的总体积流量为：

$$Q_2 = \int_0^t \int_h^{h_v} W u_2 \mathrm{d}z\mathrm{d}t = \int_0^t \int_h^{h_v} W \left[v_0 - \frac{1}{\kappa}\sqrt{\frac{\tau}{\rho}}\left(\ln\frac{z-h}{\epsilon} + 8.5\right)\right]\psi(x,z)\,\mathrm{d}z\mathrm{d}t$$

（7.1.9）

在紊流底层中，时间 t 内流过隧道截面的总体积流量为：

$$Q_3 = \int_0^t \int_0^h W u_3 \mathrm{d}z\mathrm{d}t = \int_0^t \int_0^h W v_0 \mathrm{d}z\mathrm{d}t \qquad (7.1.10)$$

于是，在整个公路隧道中，时间 t 内流过隧道截面的总体积流量为：

$$Q(x) = \int_0^t \int_{h_v}^H W u_1 \mathrm{d}z\mathrm{d}t + \int_0^t \int_h^{h_v} W u_2 \mathrm{d}z\mathrm{d}t + \int_0^t \int_0^h W u_3 \mathrm{d}z\mathrm{d}t$$

（7.1.11）

其中，W 为隧道的宽度；对隧道内的流速分布公式进行沿高度和时间的双重积分后，隧道风量变成了单一自变量 x 的方程，即 $Q(x)$。$Q(x_0)$ 代表的是在长度位置 x_0 处，隧道横截面的总风量。

在计算精度要求不高的情况下可以采用隧道流场的简化公式，如式（7.1.12）所示，其具体的含义和精度对比可以参照本书前文的讨论。

$$Q(x) = \int_0^t \int_0^H \alpha W \left\{\frac{U_0}{2} - \frac{1}{\kappa}\sqrt{\frac{\tau}{\rho}}\ln\left[\frac{z/H}{1-z/H}\right]\right\}\mathrm{Er}fc\left(\frac{z\sqrt{U}}{72\sqrt{\nu x}}\right)\mathrm{d}z\mathrm{d}t$$

（7.1.12）

图 7.1.2 为采用简化公式绘制的公路隧道内单纯由运行车辆引发的截面流量分布曲线。从图中可以看出，外界的空气从隧道入口处进入隧道后，不断得从流场中吸收能量，并转化为自身的动能增量，流动速度逐渐增大，最后速度趋于稳定。

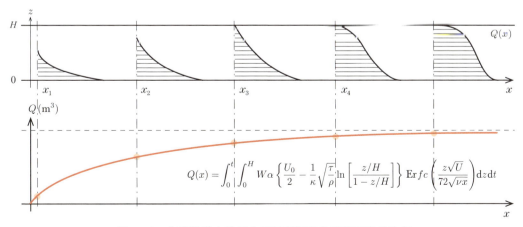

图 7.1.2　公路隧道内单纯由运行车辆引发的截面流量分布

对于图 7.1.1 而言，假设顶部开口的长度为 l，开口中心位置坐标为 x_0，于是顶部开口左侧位置坐标为 $x_0 - l/2$，顶部开口右侧位置坐标为 $x_0 + l/2$。于是，顶部开口左侧的隧道截面风量 Q_a 的表达式可以写成：

$$Q_a = Q\left(x_0 - \frac{l}{2}\right) \tag{7.1.13}$$

同理，顶部开口右侧的隧道截面风量 Q_b 的表达式可以写成：

$$Q_b = Q\left(x_0 + \frac{l}{2}\right) \tag{7.1.14}$$

将式（7.1.13）和式（7.1.14）代入式（7.1.1），得到顶部开口的进风量方程，如式（7.1.15）所示。

$$U = Q_b - Q_a = Q\left(x_0 + \frac{l}{2}\right) - Q\left(x_0 - \frac{l}{2}\right) \tag{7.1.15}$$

当 l 足够小，式（7.1.15）可以写成微分的形式，如式（7.1.16）所示。

$$U = l\left.\frac{\mathrm{d}Q}{\mathrm{d}x}\right|_{x=x_0} \tag{7.1.16}$$

图 7.1.3 为公路隧道顶部开口通风潜力分布曲线，从图中可以看出，在隧道的进口端，顶部开口的通风潜力最大，随着隧道的深入和流场的发展，隧道内的流场速度趋于稳定，顶部开口处的进风速度逐渐降低，进风量逐渐趋于零。另外，在无垂直脉动的情况下，顶部开口处流场的流向一直为由外向内，一直为进风状态。但是，本书前文的分析已经表明，运动车辆会在公路隧道中形成周期不对称的类正弦脉动。所以，在脉动压力波的作用下，顶部开口处的进风状态必然受其影响。压力波脉动对顶部自然通风的影响将在下文"自然通风运动方程"这一小节中进行讨论。

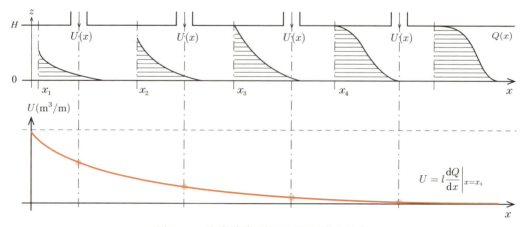

图 7.1.3 公路隧道顶部开口通风潜力分布

为验证上述公路隧道自然通风潜力方程的正确性和工程实用性,本书针对4类公路隧道顶部竖井方案(与本书前文一致)和3类模型车速进行了模型隧道自然通风实验。在每个竖井内的中断面上设置3个风速传感器(图7.1.4)。模型隧道和顶部竖井的尺寸,模型车的间距,测试方案,以及隧道流场的可视化方案见"公路隧道通风及火灾实验平台"和"公路隧道流场的建立与发展"这两个章节的表述。

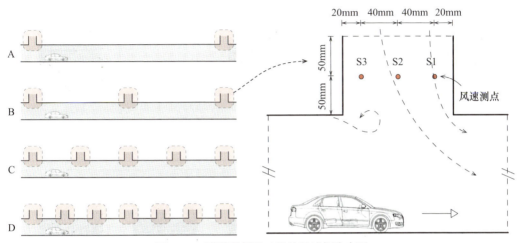

图7.1.4 隧道顶部开口处的风速探头布置

此外,由于模型隧道出口段附近顶部竖井的进风速度较小,为减少空气流动对测试数据的影响,在实验开始前,关闭实验室所有的门窗,所有人员停止走动。实验室静置30min后正式开始实验,车辆运行30s后进行实验数据的采集。每个工况进行3次重复实验,以降低测试误差。

隧道两侧架设影响设备,以便记录隧道内及隧道顶部的流场影像。图7.1.5为4类隧道顶部竖井布置方案下,每个顶部竖井处的典型流场影像。图像显示,在本书的所有实验工况中,隧道顶部竖井处的流场始终为由外向内,没有出现所谓的"呼吸"现象。此外,隧道顶部竖井的分布特性表现一致。在隧道进口附近,竖井的通风速度最大,随着隧道的深入,顶部竖井处的进风速度逐渐降低。此现象与上文中的理论推导结果一致。

在隧道进口处附近,隧道外部的空气以较快的速度被吸进隧道,并进入隧道下层,最终卷入运行车辆的尾流中。隧道出口附近竖井的进风速度较小,但是仍旧表现为进风状态。此处的空气进入隧道后,在纵向气流的作用下,直接贴附隧道顶部流动。此处的竖井自然通风效果较差,为隧道内部空气质量的改善作用有限,需对其进行自然通风的强化。

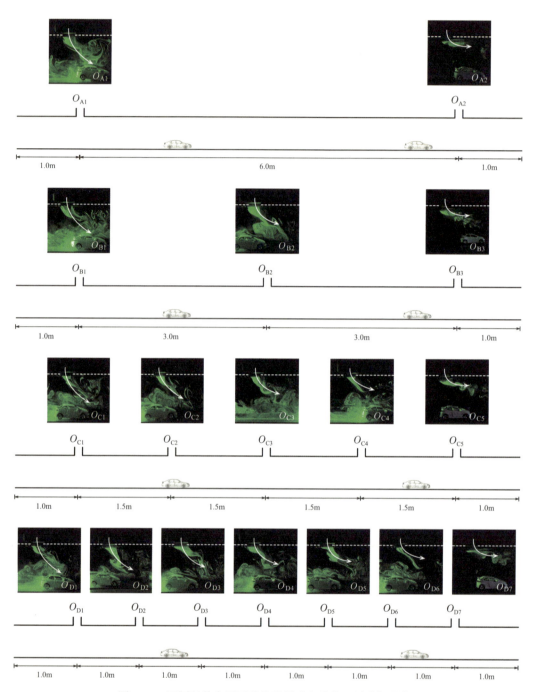

图 7.1.5 不同竖井布置下的公路隧道竖井处通风流场影像

图 7.1.6~图 7.1.8 给出了公路隧道顶部竖井处气流速度实测数据与理论计算值的对比(模型车速分别为 1.5m/s、2.0m/s 和 2.5m/s)。当模型隧道中的车速为 1.5m/s 时,隧道进口处($x=1.0m$)竖井的进风速度最大值为 0.41m/s,最小值为 0.36m/s,平均值为 0.36m/s。该处($x=1.0m$)的理论进风速度为 0.4m/s,理论计算值和实测数

值的差值为 0.04m/s，相对误差为 10%。在整个隧道竖井中，理论计算曲线与实测数据的最大误差在隧道的中部（$x = 3.0$m，$x = 4.0$m）。在 $x = 4.0$m 处，实测数据的平均值为 0.14m/s，二该处的理论计算值为 0.06m/s。本书认为隧道中部出现较大误差的主要原因在于此处受到运行车辆的压力波动最大。当模型车速为 2.0m/s 和 2.5m/s 时，其数据规律与上述表述一致。综上所述，虽然测试数据与理论曲线在某些部位存在较大的误差，但两者表现出来的变化趋势是相吻合的。

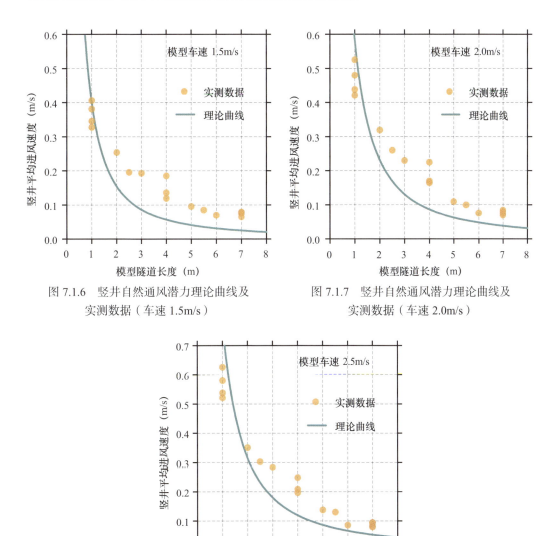

图 7.1.6 竖井自然通风潜力理论曲线及实测数据（车速 1.5m/s）

图 7.1.7 竖井自然通风潜力理论曲线及实测数据（车速 2.0m/s）

图 7.1.8 竖井自然通风潜力理论曲线及实测数据（车速 2.5m/s）

在顶部开口的公路隧道中，隧道上方的空气会因隧道内气流的诱导作用而被吸入隧道，并与隧道内的纵向气流掺混，从而形成了由外向内的气流现象。在单向连续的车流下，顶部开口处的气流没有出现所谓的"呼吸"现象。而且，在公路隧道的不同位置，顶部开口处的进风速度有明显的差别。靠近隧道入口处，进风速度最大，随着隧道的深入，进风速度逐渐降低，呈现一条下凹的曲线。

7.1.2 顶部开口公路隧道自然通风运动方程

本节讨论公路隧道顶部竖井自然通风的波动特征。仍旧取顶部开口下方流体空间内的一个微元。设在底层车流的作用下，隧道内形成随时间变化的压力波 $P(z, t)$，设顶部开口处的进风风速为 v（速度向下为正），流体微元上表面的压力为 $p+\mathrm{d}p$，流体微元下表面的压力为 p，流体微元的体积为 $\mathrm{d}x \times \mathrm{d}y \times \mathrm{d}z$，密度为 ρ，如图7.1.9所示。

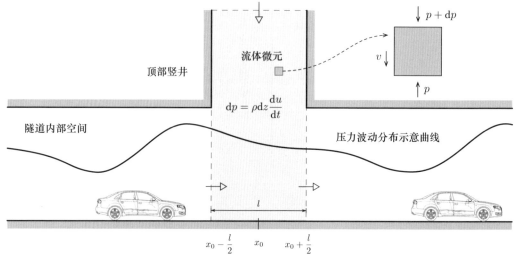

图7.1.9 顶部开口公路隧道自然通风运动分析

根据牛顿第二定律建立流体微元的运动方程，如式（7.1.17）所示。

$$(p+\mathrm{d}p-p)\mathrm{d}x\mathrm{d}y = \rho\mathrm{d}x\mathrm{d}y\mathrm{d}z\frac{\mathrm{d}u}{\mathrm{d}t} \qquad (7.1.17)$$

化简后得到：

$$\mathrm{d}p = \rho\mathrm{d}z\frac{\mathrm{d}u}{\mathrm{d}t} \qquad (7.1.18)$$

由于流体微元处于竖井内部，在竖井内部水平方向的压力差及运行可以忽略，可以近似认为竖井内的流体只受到上下两个面的压力作用，竖井内做垂直运动。微元的上下压力分别为 $p+\mathrm{d}p$ 和 p，于是流体微元受到的压力差为 $(p+\mathrm{d}p)-p=\mathrm{d}p$。将 $\mathrm{d}z=u\mathrm{d}t$，代入式（7.1.18）得到：

$$\mathrm{d}p = \rho u \mathrm{d}t \frac{\mathrm{d}u}{\mathrm{d}t} \qquad (7.1.19)$$

第7章 公路隧道自然通风模型及强化措施

方程两边同时对时间 t 求导数，得到：

$$\frac{\mathrm{d}p}{\mathrm{d}t} = \rho u \frac{\mathrm{d}u}{\mathrm{d}t} \quad (7.1.20)$$

从式（7.1.20）中可以看出，压力波的变化引发的是加速度的变化，而不会直接导致速度的瞬时骤变。举例说明如下：假设在某一时刻，竖井内的流场方向是由外向内，且此时隧道内为负压，压力梯度由外向内。由于行驶车辆的作用，在下一时刻，隧道内的压力已经在较短的时间内由负压变为了正压，压力梯度由内向外。此时，顶部开口中的气流方向不会因为压力梯度的翻转而马上发生方向的翻转。实际的情况是这样：在压力梯度翻转后，顶部开口处气流的加速度方向与流速方向相反，于是流速逐渐降低，在经历一定的时间段后，流场速度降为零。如果此时，该处由内向外的压力梯度继续存在，顶部开口处的流场方向才会出现改变，且流速逐渐反向增加。当压力梯度作用的时间较短时，压力波对顶部开口处流场的影响只是体现为速度大小的脉动，而非速度方向的改变。

公路隧道中的压力波方程在本书前文中已经给出，形式如下：

$$P(x,y,z,t) = \prod_{j=1}^{m} \zeta_j \sum_{i=1}^{n} \left[\frac{P_A}{\mathrm{Exp}(\alpha A_i)} + \frac{P_B}{\mathrm{Exp}(\alpha B_i)} \right] \quad (7.1.21)$$

$$\zeta_j(x,y,z) = 1 - \frac{1}{\mathrm{Exp}(\beta C_j^2 / F_j)} \quad (7.1.22)$$

$$C_j(x,y,z) = \sqrt{(x-x_j)^2 + (y-y_j)^2 + (z-z_j)^2} \quad (7.1.23)$$

将公路隧道中的压力波方程代入式（7.1.20）可以得到隧道内压力波对顶部开口进风速度所形成的附加脉动量。

$$\rho u \frac{\mathrm{d}u}{\mathrm{d}t} = \left. \prod_{j=1}^{m} \zeta_j \sum_{i=1}^{n} \left[\frac{P_A}{\mathrm{Exp}(\alpha A_i)} + \frac{P_B}{\mathrm{Exp}(\alpha B_i)} \right] \right/ \mathrm{d}t \quad (7.1.24)$$

变换得到附加脉动量 $\mathrm{d}u$ 的表达式：

$$\mathrm{d}u = \left. \mathrm{d} \prod_{j=1}^{m} \zeta_j \sum_{i=1}^{n} \left[\frac{P_A}{\mathrm{Exp}(\alpha A_i)} + \frac{P_B}{\mathrm{Exp}(\alpha B_i)} \right] \right/ \rho u \quad (7.1.25)$$

图 7.1.10 为考虑运动车辆脉动影响下的公路隧道竖井通风速度理论分布示意图。图中实线为无压力脉动下的顶部竖井通风速度分布曲线，可以将其理解为压力脉动下竖井通风速度的时均值。图中阴影部分是考虑了脉动影响的竖井通风波动区间。也就是说，在隧道内压力波动的影响下，竖井内的进风速度测试值（向下为正，向外为负），可能在阴影所在的上下限内出现。

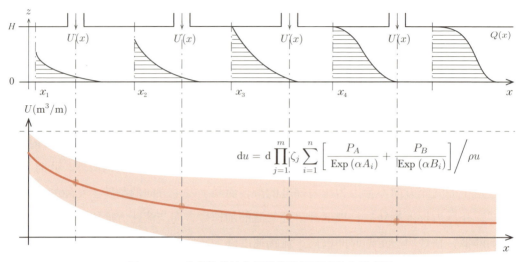

图 7.1.10　考虑脉动的公路隧道进风速度分布示意图

从本书前文的讨论中可以得知，在顶部开口的公路隧道中，由于运行车辆的作用，隧道内存在压力波动。隧道进出口附近的空间受压力脉动的影响较小，而隧道中段受压力脉动的影响较大。所以图中隧道进出口附近的上下限范围较小，隧道中部的上下限范围较大。

在这里要特别注意到一个情况，那就是由于压力脉动的存在，在隧道内的部分区域（一般出现在隧道的出口附近），风速值会出现负值，也就是说在隧道的这些区域会出现短暂的流场方向反转，出现由内向外的气流。但是这个由内向外气流出现的原因是行驶车头的靠近，导致隧道下方的压力高于隧道外侧压力，从而产生流场外流现象。但是这个方向的气流存在的时间非常的短暂，当车辆驶离竖井下方时，竖井内的流场随即受到相反的压力作用，其流动方向又转变为由外向内的流动。

在整体上，竖井内的气流在竖井内做短促的上下波动，表现为伴有短促波动的少量进风现象。此处的竖井对隧道空气质量提升的作用不大，需要对其进行通分强化。

在隧道的进口处附近，虽然也有压力脉动的影响，但是进风速度始终为证。在整体上表现为伴随着速度波动的竖井进风现象。图 7.1.11 和图 7.1.12 为公路隧道中隧道进口附近和出口附近竖井的流场。可以明显地看出，进口处的竖井进风速度较大，从竖井处进入的气流可以直接进入到隧道的下层空间。而出口处的竖井进风速度较小，进入竖井后在隧道的顶部做贴附流动。实验中的各竖井中的气流现象与理论推导的结果一致。

图 7.1.13～图 7.1.15 为考虑压力脉动的隧道顶部竖井自然通风潜力理论曲线和模型实验实测数据。当模型车速为 1.5m/s 时，在隧道进口和出口的第一个竖井处（$x = 1.0\text{m}$ 和 $x = 7.0\text{m}$），压力脉动引起的气流速度脉动量约为 0.09m/s；在隧道的中段面

第 7 章 公路隧道自然通风模型及强化措施

图 7.1.11　公路隧道入口附近的竖井进风流场

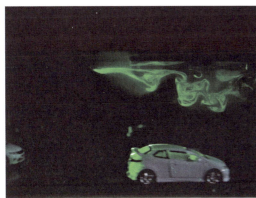

图 7.1.12　公路隧道出口附近的竖井进风流场

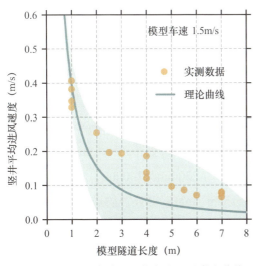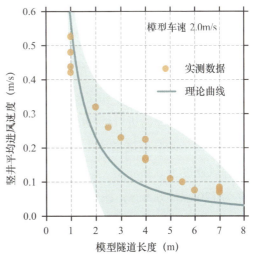

图 7.1.13　压力脉动下竖井自然通风潜力曲线及实测数据（车速 1.5m/s）　　图 7.1.14　压力脉动下竖井自然通风潜力曲线及实测数据（车速 2.0m/s）

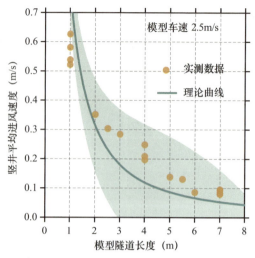

图 7.1.15　压力脉动下竖井自然通风潜力曲线及实测数据（车速 2.5m/s）

处（$x=4.0$m），压力脉动引起的气流速度脉动为 0.16m/s。当模型车速为 2.0m/s 时，隧道进出口的附近竖井的气流速度脉动量约为 0.12m/s；隧道中段竖井处的气流速度脉动约为 0.21m/s。当模型车速为 2.5m/s 时，隧道进出口的附近竖井的气流速度脉动量约为 0.14m/s；隧道中段竖井处的气流速度脉动约为 0.27m/s。只有进口处竖井的进风速度实测值与理论曲线存在较大的误差，绝大部分的实测数据均在气流脉动的上下限范围内。理论结果与实测数据表现出较好的一致性。

7.2　公路隧道竖井自然通风强化措施

7.2.1　提升隧道深处竖井的通风功能

前文中的理论推导和实验测试数据已经表明，在顶部开口的公路隧道中，竖井的通风效能在隧道的进口处最大。随着隧道的深入，竖井的进风速度逐渐降低。在本书中的机械传动公路隧道中，当模型车速为 1.5m/s 时，入口处（$x=1.0$m）竖井的平均进风速度为 0.36m/s。实验中隧道的横截面尺寸为 220mm×140mm，竖井截面积尺寸为 120mm×60mm，该处竖井的进风量为 0.156m³/min，每分钟的进风量为长度为 5m 的隧道总空气体积。当模型车速为 2.0m/s 和 2.5m/s 时，该处竖井的进风量分别为 0.199m³/min 和 0.241m³/min。

但是在同样的车速下，隧道出口处（$x=7.0$m）竖井的进风速度久已经降低为 0.08m/s 和 0.09m/s，约为进口处竖井进风速度的 20%。对于实际隧道而言，在距离隧道进口 400m 处，竖井的进风速度降为进口处竖井进风速度的 10%。在真实的公路隧道中，距离进口 500m 以上的竖井进风速度较低，约为最大进风量的 5%，此类竖井基本起不到改善隧道空气质量的作用。

由于隧道竖井基本流场机理的限定，此类竖井无法通过改变其构造而提升其进风速度，所以本书的目的是通过改变竖井结构，使其从原来微弱的进风状态转变为可观的出风状态。这样不但能激活该处竖井的通风功能，而且可以增加前段竖井的进风效果。从而在隧道中形成一种前段竖井进风，后段竖井出风的气流状态（图 7.2.1），更加有利于隧道的通风和隧道内外的空气交换。

要使得竖井的进风状态转变为出风状态，必须以某种形式在竖井的底部制造高于外界大气压的正压区。在工程实践中，最为经济和简便的方法是在隧道竖井的底部加设单侧导风板（图 7.2.1）。

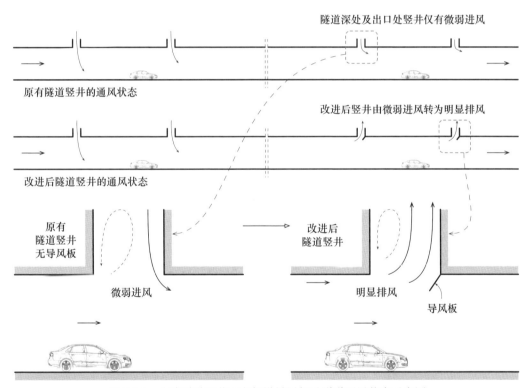

图 7.2.1　公路隧道竖井下方加设导风板及隧道通风状态示意图

隧道的纵向气流在撞击隧道顶部的导风板后，分为两股气流。为计算气流撞击导风板后的流量分配，现对隧道内的空气做如下简化：

（1）由于隧道内的空气流速较低，故将其视为定常不可压缩的理想气体；

（2）由于气流处于各项同性的同密度流场中，故忽略流体微团所受到的重力作用。

以导风板为 x 轴，以导风板法线方向为 y 轴，建立直角坐标系（图 7.2.2）。假设导风板与水平面的夹角为 θ，质量为 m_0 的流体以速度 u_0 水平撞击导风板，分为一部分斜向上运动的流体，质量为 m_1，速度为 u_1；另一部分斜向下运动的流体，质量为 m_2，速度为 u_2。

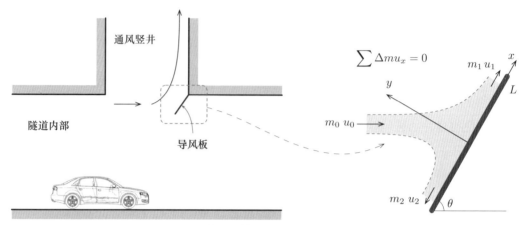

图 7.2.2　水平流体撞击导风板后力学分析

根据连续性方程，可得：

$$m_0 = m_1 + m_2 \qquad (7.2.1)$$

由动量守恒方程，可得：

$$m_0 u_0 \cos\theta = m_1 u_1 - m_2 u_2 \qquad (7.2.2)$$

此外，由于该处的流场处于各向同性且密度相等的流场空间中，由能量方程，可得：

$$\frac{u_0^2}{2g} = \frac{u_1^2}{2g} = \frac{u_2^2}{2g} \qquad (7.2.3)$$

即：

$$u_0 = u_1 = u_2 \qquad (7.2.4)$$

联立方程组式（7.2.1）、式（7.2.2）和式（7.2.4），可得水平纵向气流撞击导风板后的流量质量分配式（7.2.5）和式（7.2.6）。对于密度相同的流体而言，也可以理解为流体体积分配。

$$m_1 = \frac{1}{2} m_0 (1 + \cos\theta) \qquad (7.2.5)$$

$$m_2 = \frac{1}{2} m_0 (1 - \cos\theta) \qquad (7.2.6)$$

继续研究斜向上流动的流体情况。令导风板的长度为 L，宽度为 W，则在单位时间内通过导风板进入隧道竖井的流体质量为导风板倾斜角度 θ 和水平风速 u 的函数。函数形式为：

$$m(\theta) = \frac{1}{2}\rho u L \sin\theta W(1+\cos\theta) \tag{7.2.7}$$

隧道内的纵向风速由隧道内的车辆决定，与隧道竖井构造无关。在确定的纵向风速下，要获得最佳的排风效果，应调整一个最佳的导风板角度，使得进入隧道竖井的流体质量最大。

令 $\mathrm{d}m(\theta)/\mathrm{d}\theta = 0$，求解得到 $m(\theta)$ 在达到最大值时的夹角 θ。图 7.2.3 和图 7.2.4 分别为 $\sin\theta(1+\cos\theta)$ 的函数和导数曲线。

$$\theta = \pi/3 \tag{7.2.8}$$

也就是说，当导风板的水平夹角为 60° 时，可以获得最大的竖井排风量。

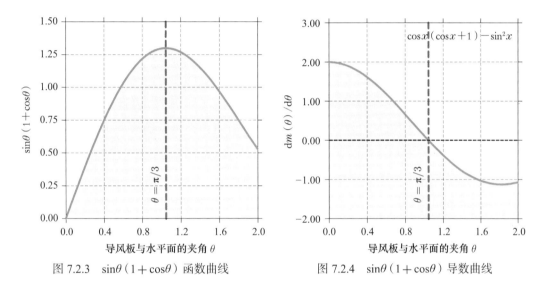

图 7.2.3　$\sin\theta(1+\cos\theta)$ 函数曲线　　　图 7.2.4　$\sin\theta(1+\cos\theta)$ 导数曲线

7.2.2　减弱竖井中的涡流现象

在公路隧道竖井下方加设导风板可以使得公路隧道深处原本进风效果久不佳的竖井转换为排风状态，从而增强整个隧道的自然通风效能。但是由于竖井内部漩涡区的存在，竖井的空间利用效率不高。

当隧道顶部附近的气流在隧道顶面下做贴附流动时，在顶壁面附近存在紊流边界层。当气流流经竖井下方拐角处时，气流的边界层再无壁面可以依附，遂发生边界层分离现象。流体边界层分离后形成漩涡区，在侧边上升气流的作用下，形成一团团上卷的涡流。气流在涡流区中向上翻卷，之后由于漩涡区的压力较低，在内外压差的作用下，又回流至竖井底部，然后又随涡流再次上卷，如此反复（图 7.2.5、图 7.2.6）。竖井中涡流区不能起到通风作用，但却占据了隧道竖井的空间。为了进一步提高竖井的排风效能，可以对此类竖井做流场的适应性改善。

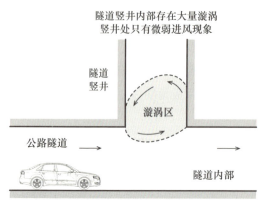 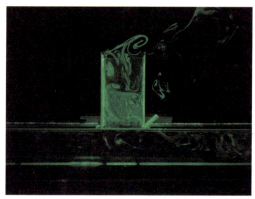

图 7.2.5　公路隧道竖井漩涡区示意图　　　图 7.2.6　公路隧道竖井漩涡区照片

在原来的竖井结构中，竖井与隧道顶面形成直角，隧道内的纵向流场流经此处时，类似经过一个三通，管径突然扩大，以致流场在此处产生边界层分离，形成漩涡。在流体力学和水力学中，为了减弱流体在变径管处的涡流，一般采用局部倒角和倾斜管来代替，以便减少涡流区域，获得更为平缓的流场[92, 93]。在此处，可以采用同样的思路来对隧道竖井进行结构改进。可以在原有直角处进行倒角，或者将原有的垂直竖井改为倾斜竖井（图 7.2.7、图 7.2.8）。

将倾斜竖井与水平面的夹角记为 θ。当 θ 越大时，竖井的拐角越接近直角，竖井内的涡流区域也就越大，此处的流动阻力和流场能量耗散也就越大，排风效能越低。但是当竖井倾斜角度小于 30° 时，虽然涡流区域较小，但是由于竖井横截面降低，竖井的排风效能降低。当竖井的倾斜夹角较小时，竖井的施工难度也随之上升[94]。

综合流场特性和施工成本，本书建议采用垂直竖井加局部倒角的方式来减弱竖井内部的涡流区域。此外，由于过宽的竖井并不能产生更好的排风效能，竖井长度以导风板垂直高度的 2～3 倍为宜。

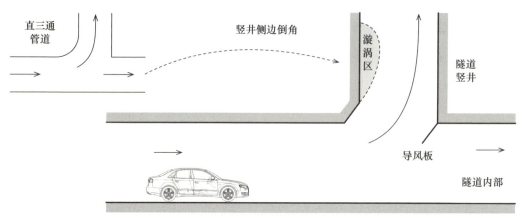

图 7.2.7　竖井侧边倒角的优化方案

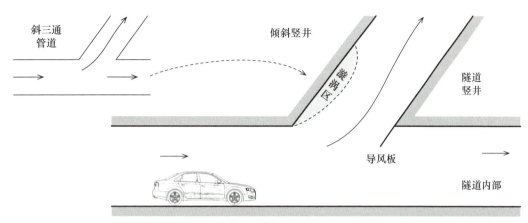

图 7.2.8　竖井倾斜的优化方案

7.3　强化措施下的隧道自然通风效能

7.3.1　单个竖井流场及通风效能

以本书前文中机械传动公路隧道 D 类顶部开口布置方案中的 O_{D7} 为研究对象，在其下方加设 30mm 长的导风板。针对 3 类不同的模型车速（1.0m/s、1.5m/s、2.0m/s）和 3 类不同导风板倾斜角度（30°、60° 和 90°）共开展 9 组工况实验。

在 10cm 高的竖井中段面，均匀设置三个风速测点。在进行竖井风速测量时，同时记录竖井内的流场影像，以便判断测点的流场方向。模型实验的具体测试方案和流场可视化设置已在本书的前文中阐述，这里不再赘述（图 7.3.1）。

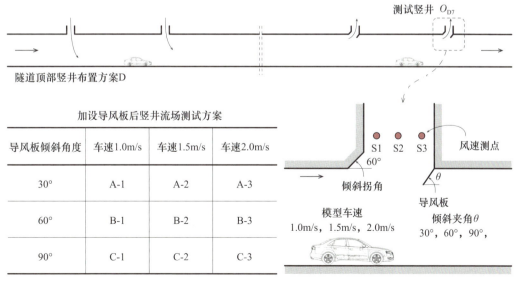

图 7.3.1　加设导风板后公路隧道竖井流场实验方案及测点布置

图 7.3.2 是加设导风板前隧道竖井内的流场影像。从流场影像照片中可以看出，该处的竖井流场表现为微弱的进风现象，气流进入隧道后贴着隧道顶部壁面流动。在车辆通过竖井下方的时间内，由于脉动气流的作用，竖井内将出现气流涡旋。总体来讲，隧道出口附近竖井的通风效能较差。

图 7.3.3 显示的是在同一个位置加设导风板后（$\theta=90°$）竖井内的气流影像。从流场照片中可以看出，隧道上层的纵向气流在撞击导风板后，部分气流沿导风板向上进入竖井，在竖井内形成自内向外的排风。但是竖井中的排风气流只存在于导风板所在的竖井侧面。在竖井的另外一个侧面，在边界层分离和侧边气流的联合作用下，形成了涡流。总体来说，在竖井下方加设导风板后，竖井内的流场由原来微弱的进风转变为较为明显的排风现象。

图 7.3.2 加设导风板前的竖井流场

图 7.3.3 加设导风板后的竖井流场

图 7.3.4～图 7.3.6 是 9 个工况的实验测试数据与无导风板时实测数据的对比。图中正值代表竖井中由外向内的进风，负值代表竖井中由内向外的排风。图中的圆形代表无导风板是的竖井流场速度，三角形、四边形和六边形分别代表设置导风板后倾斜角度分别为 30°、60° 和 90° 时的竖井内测点流速。从图中可以看出以下几个方面：

第一，当竖井底部未设置导风板时，隧道出口处竖井的流场为进风，进风速度较低。当在竖井底部设置导风板后，竖井中的流场转为排风。

第二，在本书中的三类导风板倾斜角度中，60° 时的竖井流速最大，90°（垂直）时的竖井流速次之，30° 时的竖井流速最小。这与前文中的理论推导结论一致。

第三，随着隧道中模型车速的增大，竖井中的流速也相应增大。竖井中的流场流速与隧道中的车速呈现出正比线性关系。

第四，设置导风板前，隧道出口附近的竖井呈现出微弱的进风现象。当模型车速为 1.0m/s 时，竖井中的最大风速约为 0.062m/s，平均风速为 0.035m/s。当模型车速为 2.0m/s 时，竖井内的最大风速约为 0.21m/s，平均风速为 0.1m/s。在隧道竖井底部设置导风板后,微弱的进风转为明显的排风现象。当模型隧道的车速为 1.0m/s 时,竖井处的最大风速为 0.19m/s,平均排风速度为 0.094m/s,约为无导风板时竖井平均风速的 3 倍。当模型隧道的车速为 1.5m/s 时,竖井处的最大风速为 0.28m/s,平均排风速度为 0.14m/s。当模型隧道的车速为 2.0m/s 时,竖井处的最大风速可达 0.45m/s,平均排风速度为 0.23m/s。在三类模型车速下,此位置处单个竖井的排风效能分别为 40.75L/min、60.05L/min 和 96.48L/min,相当于 1.32m、1.95m 和 3.11m 长的模型隧道总体积。

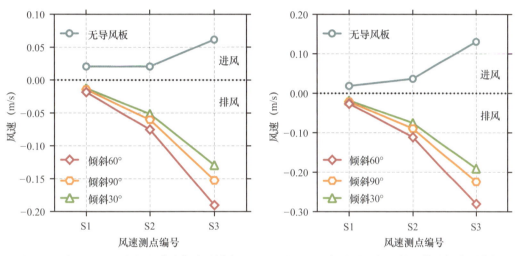

图 7.3.4　加设导风板后的竖井流场实测数据（模型车速 1.0m/s）　　图 7.3.5　加设导风板后的竖井流场实测数据（模型车速 1.5m/s）

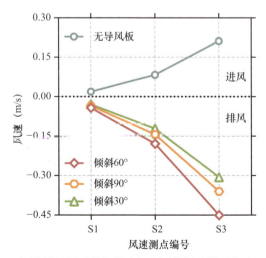

图 7.3.6　加设导风板后的竖井流场实测数据（模型车速 2.0m/s）

下面考察倾斜竖井时的流场特性及排风情况。依旧机械传动公路隧道 D 类顶部开口布置方案中的 O_{D7} 为研究对象,在其下方加设 30mm 长,倾斜角度为 60° 的导风板。

针对3类不同的模型车速（1.0m/s、1.5m/s和2.0m/s），对照垂直倒角竖井，开展3组工况实验。在倾斜竖井中段面，均匀设置三个风速测点。在进行竖井风速测量时，同时记录竖井内的流场影像，具体设置参照本书前文（图7.3.7）。

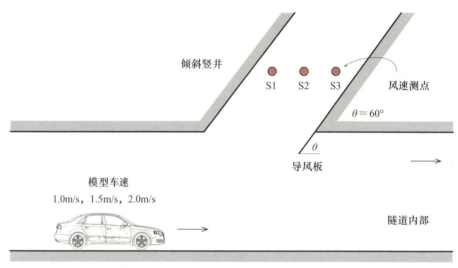

图7.3.7　倾斜竖井流场测试方案及测点布置

图7.3.8和图7.3.9是倾斜竖井内的流场影像。隧道上层的纵向气流撞击导风板后，气流沿导风板向上进入竖井，在竖井内形成自内向外的排风。导风板侧为速度较快的排风气流，另一侧则为漩涡区。总体来说，倾斜竖井内的气流流场与垂直倒角竖井内的流场类似。图7.3.10～图7.3.12是3个工况的倾斜竖井实验测试数据与垂直倒角竖井实测数据的对比。从图中可以看出，倾斜后竖井内的最大气流速度（S3测点处的速度）较垂直竖井有部分提升，提升幅度约为20%。但是竖井中部（S2测点处）和侧边（S1测点处）的气流速度无明显提升。考虑到倾斜竖井的施工难度要高于垂直竖井，本书建议采用侧边倒角的垂直竖井结合导风板的形式来进行竖井通风强化。

图7.3.8　倾斜竖井内的流场影像（一）

图7.3.9　倾斜竖井内的流场影像（二）

第 7 章 公路隧道自然通风模型及强化措施

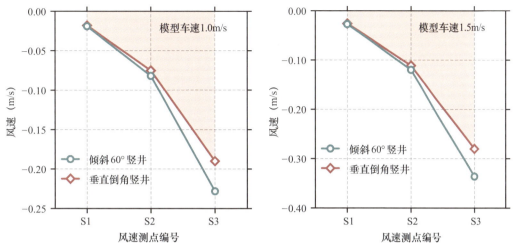

图 7.3.10 倾斜竖井与垂直倒角竖井流场实测数据（模型车速 1.0m/s）

图 7.3.11 倾斜竖井与垂直倒角竖井流场实测数据（模型车速 1.5m/s）

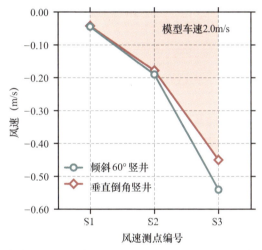

图 7.3.12 倾斜竖井与垂直倒角竖井流场实测数据（模型车速 2.0m/s）

7.3.2 强化措施后的隧道整体通风效能

上一节针对单个隧道竖井开展了强化措施后通风效能的实验研究，本节将针对整个隧道进行通风效能的研究。基于本书前文中的 4 类公路隧道竖井布置方案和 3 类模型车速（1.0m/s、1.5m/s 和 2.0m/s）进行模型隧道竖井流场实测。在实验开始前，对模型隧道中的部分竖井进行通风强化改造。

如图 7.3.13 所示，对 A 类方案中的 O_{A2} 竖井，B 类方案中的 O_{B3} 竖井，C 类方案中的 O_{C4} 和 O_{C5} 竖井，D 类方案中的 O_{D5}、O_{D6} 和 O_{D7} 竖井进行自然通风强化改造。具体强化改造方式为，在竖井底部设置 30mm 长，倾斜角度为 60° 的导风板。竖井另一侧边改为 30mm，长倾角为 60° 的倒角（图 7.3.14）。

133

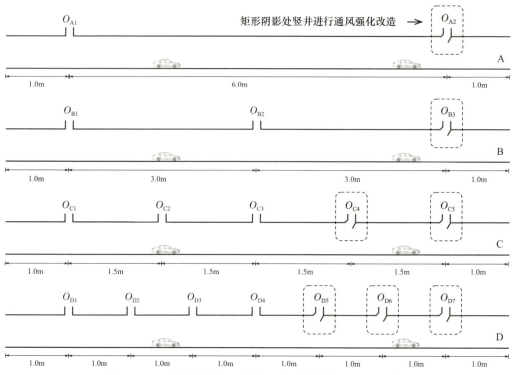

图 7.3.13　4 类公路隧道竖井布置及通风强化改造布置方案

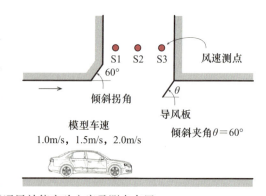

图 7.3.14　强化措施后公路隧道通风效能实验方案及测点布置

竖井数量	车速1.0m/s	车速1.5m/s	车速2.0m/s
2	A-1	A-2	A-3
3	B-1	B-2	B-3
5	C-1	C-2	C-3
7	D-1	D-2	D-3

强化措施后公路隧道通风效能实验方案

图 7.3.15～图 7.3.18 是公路隧道自然通风强化改造前后竖井通风效能实验测试对比。其中，虚线和圆形是强化措施前各竖井中的平均进风速度，实线和四边形是强化措施后隧道竖井中的平均气流速度。与前文的约定一致，正值表示竖井内由外向内的进风，负值表示竖井内由内向外的排风。从 12 张工况实验测试数据图中可以得出以下几个方面的结论。

第一，实验中进行了自然通风强化改造的竖井，其通风状态都从原来的进风转变为排风，且平均排风风速要高于原来的进风风速。比如在竖井布置方案 A 中，当模型车速分别为 1.0m/s、1.5m/s 和 2.0m/s 时，竖井 O_{A2} 原来的进风速度为 0.038m/s、

第 7 章 公路隧道自然通风模型及强化措施

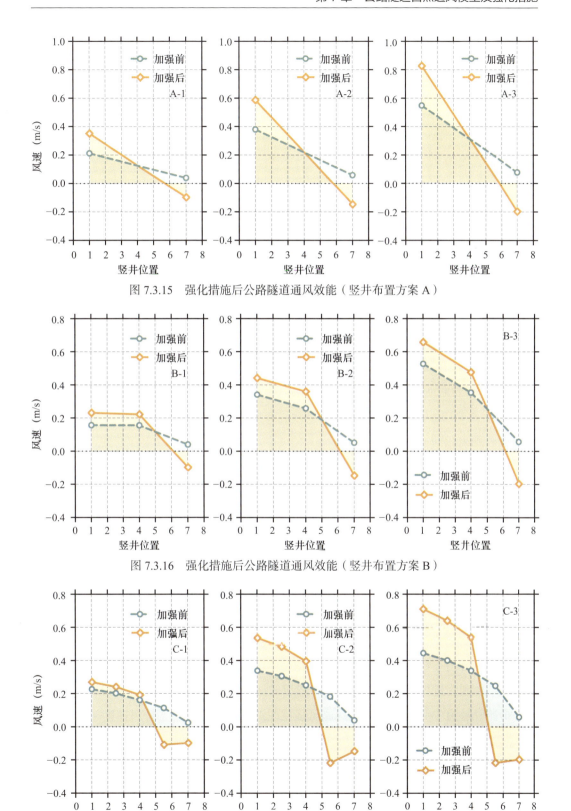

图 7.3.15 强化措施后公路隧道通风效能（竖井布置方案 A）

图 7.3.16 强化措施后公路隧道通风效能（竖井布置方案 B）

图 7.3.17 强化措施后公路隧道通风效能（竖井布置方案 C）

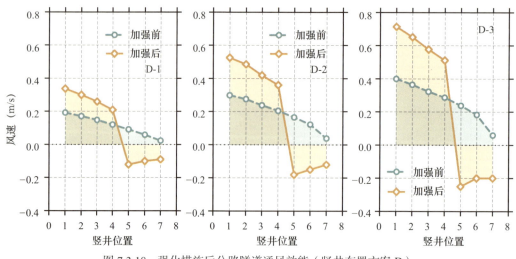

图 7.3.18 强化措施后公路隧道通风效能（竖井布置方案 D）

0.057m/s 和 0.077m/s。强化措施后，竖井的平均排风速度提升为 0.11m/s、0.15m/s 和 0.21m/s，在相同条件下约为原来进风速度的 3 倍。在竖井布置方案 B 中，竖井 O_{B3} 原来的进风速度为 0.039m/s、0.050m/s 和 0.055m/s。强化措施后，竖井的平均排风速度提升为 0.10m/s、0.16m/s 和 0.19m/s。在竖井布置方案 C 和 D 中，竖井的通风状态也表现出相同的规律。

第二，对公路隧道中后半段的竖井进行通风强化改造后，隧道中前半段竖井的平均进风速度较原来有明显的提升。以竖井布置方案 D 中的竖井 O_{D1}、O_{D2}、O_{D3} 和 O_{D4} 为例，在原有的竖井构造下，此三处的竖井均表现为进风现象。在 2.0m/s 的模型车速下，竖井的平均进风速度分别为 0.40m/s、0.37m/s、0.32m/s 和 0.29m/s。当对 O_{D5}、O_{D6} 和 O_{D7} 3 个竖井进行了自然通风强化改造后，在相同的条件下，竖井的平均进风速度提升为 0.71m/s、0.65m/s、0.58m/s 和 0.51m/s，约为原有竖井平均进风速度的 1.73 倍。其他各类竖井布置方案和各工况实验测试结果也均表现出相同的规律。

第三，隧道在经通风强化改造后，隧道前段竖井的进风速度分布规律与改造前保持一致，体现为进口处最大，之后随着隧道的深入，竖井的进风速度逐渐降低。

第四，隧道中后段竖井在进行通风强化改造后，其竖井平均排风速度随着隧道的深入基本保持不变，稍有降低。由于此类竖井的排风速度主要由隧道内的流场决定，而隧道内的流场又是由隧道内的运行车辆引发，所以在隧道内持续且均匀的车流下，隧道内各处的流场分布应具有一致性。所以本书认为，在理想的情况下，当隧道竖井的间距较大时，此类竖井的平均排风速度不应具有差异性，应保持一致。

第五，自然通风强化改造后，公路隧道的整体通风效能有明显提升。以 D 类隧道竖井布置方案为例,当模型车速分别为 1.0m/s、1.5m/s 和 2.0m/s 时,原隧道的整体通风效能为 0.348m³/min、0.581m³/min 和 0.802m³/min,分别相当于置换了长度为 11.31m、18.85m 和 26.03m 的隧道总空气量。当对 O_{D5}、O_{D6} 和 O_{D7} 3 个竖井进行了自然通风强化改造后,在相同的条件下,隧道的整体通风效能为 0.612m³/min、0.969m³/min 和 1.341m³/min,相当于置换了长度为 19.86m、31.47m 和 43.55m 的隧道总空气量,约为改造前的 1.73 倍。

总体而言,在对公路隧道进行了自然通风强化改造后,竖井的通风状态会从原来的微弱进风转为明显的排风。由于隧道中后段竖井的排风作用,隧道前段竖井的进风风速也会随之提升。实施通风强化措施后隧道的整体通风效能约提升为原来的 1.73 倍。

7.4 本章小结

本章推导得出了顶部开口公路隧道的自然通风潜力方程和竖井流场的波动方程,并进行了相应的实验测试和研究。实验测试和理论推导的结论是一致的。在单向连续的车流下,隧道进口端顶部开口的通风潜力最大,随着隧道的深入和流场的发展,隧道内的流场速度趋于稳定,顶部开口处的进风速度逐渐降低,进风量逐渐趋于零,进风潜力沿隧道车流方向呈现为一条下凹的曲线。在无垂直脉动的情况下,顶部开口处流场的流向一直为由外向内,一直为进风状态,没有出现所谓的"呼吸"现象。顶部竖井处的"呼吸"现象并不是一个必然现象,只是隧道内湍流的不确定湍动,从而在顶部开口附近形成的一个受限的剥离现象。此外,隧道内压力波的变化引发的是竖井内部流场的加速度变化,而不会直接导致速度的瞬时骤变。

在实际公路隧道中,距离进口 500m 以上的竖井进风速度较低,约为最大进风量的 5% 左右,此类竖井基本起不到改善隧道空气质量的作用。由于隧道竖井基本流场机理的限定,公路隧道中后段的竖井无法通过改变其构造而提升其进风速度,但是可以通过改变竖井的构造,使其从原来微弱的进风状态转变为可观的出风状态。主要方式有以下两种:首先,可以采用在竖井底部设置导风板的方式,改变竖井的流场方向,由微弱的进风转为明显的排风。其次,可以在另一侧边倒角的方式,减弱竖井流场中的涡流区域,进一步提高竖井的排风效能。理论和实验测试均表明,当导风板长度一定时,导风板与水平面的夹角为 60° 时,竖井内可以获得最大的排风效能。由于过宽的竖井并不能产生更好的排风效能,竖井长度以导风板垂直高度的 2~3 倍为宜。倾斜竖井也是强化通风的一种方式,在相同的车流条件下,倾斜竖井较垂直竖井可以获得约 20% 的通风效能提升。但是考虑到倾斜竖井的施工难度要高于垂直竖井,本书建议采用侧边倒角的垂直竖井结合导风板的形式来进行竖井通风强化。

实验测试表明，隧道中后段的竖井在经过通风强化措施后，竖井内的流场均从原来的进风转变为排风，且排风速度约为原进风速度的 3 倍。由于隧道中后段竖井的排风作用，隧道前段竖井的进风风速也会随之提升。实施通风强化措施后隧道的整体通风效能约提升为原来的 1.73 倍。

第 8 章 总　　结

8.1　公路隧道自然通风概述

　　隧道的发展和人类的文明历史及技术进度息息相关。公元前 2180 至前 2160 年左右，古巴比伦王国修建的穿越幼发拉底河水下人行隧道，是史料记载中人类最早的人行交通隧道。中国古褒斜道上的石门隧道是世界上最早的公路隧道。进入中世纪之后，隧道主要是用于开矿和军事。在 17 世纪和 18 世纪，随着运输业的发展和工程炸药的应用，交通隧道的修建工程蓬勃发展。进入 19 世纪后，随着铁路工程的发展，铁路隧道数量也逐渐增多。20 世纪以来，汽车技术突飞猛进，汽车运输量不断增加，公路隧道的数量随之增多。公路隧道按照其所在的位置，可以分为山体隧道、水底隧道和城市隧道；按照隧道埋置的深度，可以分为浅埋隧道和深埋隧道。

　　公路隧道的机械通风方式有全横流式通风、半横流式通风、纵流式通风以及混合式通风等方式。

　　全横流式通风是指在设置送风道和排风道的情况下，使隧道内基本不产生纵向流动的风，只有横向流动的风。双向通行时，纵向风速大致为零，污染物浓度沿隧道轴线均匀分布；单向通行时，因考虑到汽车行驶的影响，在纵向上会产生一定的风速，污染物的浓度由入口至出口逐渐增加，一部分污染物会直接从出口排出，有时污染物的排出量会占总量的很大比例。采用全横向式通风时，通风气流在隧道内横向流动，通风效果好，安全性强，且当隧道内发生火灾时，能及时排烟，但隧道内须设置两个风道，占用隧道的空间较大，工程造价及运营费用也较高。

　　半横流式通风的常用形式是送入式半横向通风。当新鲜空气经送风管直接吹至汽车排气孔高度附近时，对空气进行直接稀释，有利于后续车辆的行车安全。采用半横向式通风时，当隧道发生火灾，送风机可逆转，能防止火灾蔓延，且隧道内有害气体的浓度较均匀，只需一个风道，工程投资也较低。从理论上讲，在隧道中心线位置处有一个中性面，但实际交通状态是不断发生着变化的，故在隧道中部会形成一个中性带，而中性带的通风效果较别处差，分期实施难度大。

　　纵流式通风是最简单的通风方式。当自然通风不满足时，用机械通风予以补充的方式是最经济的。采用纵向式通风时，当隧道为单向通行隧道时，能够利用汽车活塞的风作用，降低工程造价，易分期实施，营运费用也较低，但隧道内有害气体的浓度不均匀，出洞口处浓度最高，发生火灾时不易排烟。纵向通风已成为中国单向公路隧道的主要通风形式，结合通风井送排的纵向通风方式在5km以上的公路隧道中有着较为普遍的应用。

城市浅埋公路隧道与一般公路隧道不同，这类市内隧道多属于浅埋式隧道（隧道顶部距地面约2~6m）。在20世纪90年代，此类隧道以200~300m的过街短隧道为主，现在则以区域性的通道为主，长度达到3000m以上。该类型隧道传统的通风解决方式是采用射流风机机械通风，但这种方式造成隧道内部噪声高，行车环境差，又消耗大量的运行电力。

顶部开口的城市浅埋公路隧道自然通风是一项绿色节能技术，可以在运营工况下进行自然通风，在火灾工况下进行自然排烟，而完全抛弃机械通风与机械排烟设备的方案，依赖自然通风保障隧道内空气环境和排烟安全，降低隧道初投资，并节约大量运行成本。该技术已在国内城市建设中应用，但是尚未形成规律性的设计方法。

8.2 公路隧道自然通风模型实验

8.2.1 公路隧道通风及火灾相似理论

明确模型实验和原型实验之间的相似关系，是利用小尺寸模型开展模型实验研究的前提。行驶车辆引发隧道内的空气流动，而烟气流动是一种复杂的浮力驱动流，浮力效应和惯性力共同作用。本书关注的是隧道内的气流和烟气流动，其相似理论分为运动车辆引发的带有间歇性垂直脉动的纵向流动相似，以及热浮力和惯性力耦合作用下的火灾烟气流动和热力相似。

如两个流体系统是完全相似的，那么这两个流体系统的流体参数必须同时满足斯特劳哈尔数、弗劳德数、欧拉数和雷诺数4个相似准则数。

公路隧道中的流场流动主要受黏性力、压力和惯性力的综合作用。从力学相似的角度来看，在仅仅考虑黏性力、压力和惯性力这三种力的情况下，要使得作用力的分解三角形相似，只需要满足两条边成比例且夹角相等即可。换言之，要得到力学相似，只要两个流场系统在对应位置满足惯性力和黏性力的比例相同即可。在四个相似准则中，雷诺数表征的就是惯性力和黏性力的比例关系。所以，只要满足雷诺数相等，两个流场系统便达到了力学相似。

对于仅考虑黏性力、压力和惯性力三者作用的流动情况，雷诺准则和几何尺寸比例准则是独立准则，欧拉准则是非独立准则，依托独立准则而存在。所以，不必专门将欧拉准则作为流场相似的独立的判据。也就是说,可以不依赖压力场而单纯地研究流场的速度场。

对于运动车辆引发的带有间歇性垂直脉动的纵向流动相似而言,只需要考虑雷诺(Re)相似准则。当实验流体介质和原型流体介质相同时,欲满足 Re 数相等,速度的比例和模型几何比例互为倒数。假设模型的几何尺寸为原型的 1/10,即几何比例为 1:10;那么,要使两者满足流动相似,就必须使模型隧道中产生 10 倍于原型隧道的高速气流。但是这样的速度,不仅破坏了原始的相似条件,而且模型实验也根本无法达到。所幸自模现象为缩尺模型实验实现流场的部分相似提供了可能。而且,在公路隧道中,由于运动车辆的存在,隧道内的气流受到了比单纯壁面粗糙大得多的扰动。所以在公路隧道流场的研究中,只要流场进入了阻力平方区,可以忽略雷诺相似。

要使火灾烟气模型实验与原型火灾完全相似,就需要同时满足雷诺数 Re、普朗特数 Pr、埃克特数 Ec 和弗诺德数 Fr 4 个相似准则。但在实际情况下,我们无法做到同时满足这 4 个相似准则数,只能根据不同的研究侧重点选用不同的相似准则。因为弗诺德数(Fr)体现的是惯性力和重力之比。弗诺德模拟主要用于模拟受浮力驱动的烟气羽流的流动和传热问题,而且模拟实验可以在常压下进行。本书主要关注的是隧道内的烟气流动情况,所以选用的是弗诺德相似准则。

但是采用弗诺德相似性模拟时,不能同时保证模拟实验和实际现场实验中的雷诺数相等。因此在选择隧道模型尺寸的时候,应保证烟气流动可以达到充分发展状态,使流动进入阻力平方区,以减少影响。在通常情况下,某一项研究只是关注模型实验中的局部的流动特性,而非所有区域的流动特性。因此在设计实验时,只需要保证这些局部区域中的流动能达到充分发展即可开展实验。

综上所述,对于运动车辆引发的带有间歇性垂直脉动的纵向流动相似而言,只需要考虑雷诺(Re)相似准则。对于热浮力和惯性力耦合下的烟气流动和热力相似而言,需要满足弗诺德(Fr)相似准则。但是要在实验中同时满足以上相似准则,是非常困难的,甚至是不可能实现的。在大多数的研究中也没有必要满足所有的相似准则。实际上,我们只需要保留对所研究现象起决定性作用的准则即可,而其他非主导性相似准则则可以在满足一定的条件之后舍去。比如,当雷诺数达到一定的数值后,雷诺数的改变已经几乎不影响流场性质。所以在流场进入自模区后,可以舍去雷诺相似约束。弗诺德准则是影响热烟气与冷空气在分界面上传热传质和流动过程的重要参数。相对其他准则而言,其意义更为重要,是本实验的主导相似准则。

由于运动车辆的存在,隧道内的流动受到了比单纯壁面粗糙大得多的扰动。实验研究表明,当 $Re \geqslant 2600$,公路隧道中的流场即进入阻力平方区。对于 1:10 的环形实验平台而言，特征长度取为模型隧道高度 $L=0.5\mathrm{m}$，要使隧道内流场达到自模区，$\mathrm{Re}=u_0L/\nu \geqslant 2600$，特征流速（车速）$u_0=\nu\mathrm{Re}/L \geqslant 0.078\mathrm{m/s}$。对于 1∶36 的传送带实验平台而言，特征长度 $L=0.14\mathrm{m}$，要使得隧道内流场达到自模区，$\mathrm{Re}=u_0L/\nu \geqslant 2600$，特征流速（车速）$u_0=\nu\mathrm{Re}/L \geqslant 0.273\mathrm{m/s}$。

8.2.2 公路隧道流场的可视化方案

在流体实验中，流场的可视化是一种重要的研究手段。流场可视化可以将肉眼不可见的流动现象和流动信息，转化为可以直接感知的流场图案。按照流体流动的物理学原理，可以把流体的可视化技术分为粒子示踪法和光学显示法两类。由于在火灾烟气实验中，隧道内已有烟尘微颗粒，为了保持研究方法的一致性，在公路隧道模拟实验中本书建议采用粒子示踪法，并以烟尘颗粒作为示踪粒子。

采用烟尘颗粒作为示踪粒子的科学性论证如下：

在流场中，示踪粒子运动的雷诺数远小于 1，满足 Stokes 流动条件，可以按照 Stokes 方程来计算其在流体中的沉速。

$$u_p=\frac{\rho_s-\rho}{18\mu}gd^2 \tag{8.2.1}$$

烟气粉尘的粒径一般为 0.02~0.2mm，烟尘的密度（包含其中的孔隙）约为 $\rho_s=100\mathrm{kg/m^3}$，空气密度为 $\rho=1.293\mathrm{kg/m^3}$，代入式（8.2.1）中可以得到，烟尘的沉速约为 0.021~2.13mm/s。本实验的平均空气流速约为 0.5m/s。于是烟尘的沉速是流体平均流速的 0.0043%~0.436%，小于 0.5% 的精度要求。故以该粒径的烟尘作为示踪粒子是满足要求的。

示踪粒子的响应时间，表达式为：

$$\zeta=\frac{1}{k}=\frac{\rho_p D_p^2}{18\mu_f} \tag{8.2.2}$$

在本书的实验中，对于粒径 0.02~0.2mm 的烟尘微粒，其在空气中的响应时间为 0.0022~0.22ms。可见，烟尘粒子作为示踪粒子，其响应时间是非常快的。粒子随流体运动时，其速度响应将遵从指数变化规律。当 $t=10\zeta$ 时，$u_p=99995\%u_f$。也就是说，经过 10ζ 的时间，示踪粒子的运动和流体已经没有差别了。

可见，烟尘粒子作为示踪粒子，其响应时间是非常快的。故以该粒径的烟尘作为示踪粒子是满足要求的。

8.2.3 公路隧道流场湍流模型修正

公路隧道中的空气流动是有限空间内车辆行驶而引发的拖拽流动。在隧道的底

第8章 总　　结

部，空气与运动汽车直接接触并获得最初的动能。由于流体黏性的存在，底层流层的动量逐渐向上传递，从而带动上层流层的流动。但任意相邻汽车之间的空置距离使得公路隧道中的流场特点不同于地铁列车隧道活塞风，加之车辆运行的不规则性，诸多因素导致隧道内气流流场复杂。

理论上来讲，运用直接数值模拟（DNS），可以获得湍流场的全部信息。但是实际上，将直接数值模拟运用于高雷诺数（Re）的复杂湍流计算，需要规模巨大的计算资源。雷诺平均方法（RANS）是在给定平均运动的边界条件和初始条件下用数值方法求解雷诺方程。雷诺平均方法给出的是时均物理量，其主要优点是计算量小。但是其准确性较差，尤其在迎风面的拐角处容易出现湍流动能过大的现象。

大涡模拟方法（LES）介于上述这两类方法之间。大涡模拟方法通过滤波运算将整个湍流流场尺度划分为滤波可分辨尺度和亚滤波不可辨尺度。对于滤波可分辨尺度的流体运动，用直接数值模拟（DNS）计算，而对于亚滤波尺度的流体运动，则通过构造亚滤波尺度模型来加以模拟，类似雷诺平均方法中的封闭模式。但是，目前的亚滤波尺度模型在运用于公路隧道流场大涡模拟计算时，在车辆附近和隧道顶壁面附近表现出较大的误差。

在大涡模拟中，Smagorinsky 模型和混合模型运用较为普遍。在采用标准 Smagorinsky 模型模拟公路隧道湍流时，由于壁面附近强剪切应力的存在，使得计算得到的平均流剖面偏高。在用动态涡黏性模型（Dynamic Smagorinsky Model，DSM）和动态混合模型（Dynamic Mixed Model，DMM）进行计算时，计算结果稍有改善，但是由于隧道流场中湍流剪切应力的分布特点，计算得到的垂直时均流速分布与实测相比仍有明显的偏高。

湍流场中的亚滤波尺度运动对滤波可分辨尺度运动的作用本质上是能量的传递。所以，只要亚滤波尺度模型（或亚格子模型）能够正确反应这两个尺度运动之间的能量传递过程，就可以相对准确地描述亚滤波尺度的运动规律。此外，湍流能量级串机制的研究表明，湍流场中的动量输运和平均动能耗散都由大尺度涡决定。大尺度涡的运动决定了从平均流向小尺度涡的能量传递速率；而小尺度涡的运动则提供了与能量传递量相匹配的动能耗散。这一事实表明，大尺度运动对小尺度运动的细节不敏感，亚滤波尺度模型的能量耗散机制的细节对大涡模拟的结果影响较小。所以，只要亚滤波尺度模型提供了恰当的动能耗散率，大尺度运动的模拟结果就能获得大致正确的统计规律。

基于上述思想，本书提出了一个新的、适用于公路隧道流场特性的涡黏系数模型。

标准的涡黏性模型是 Smagorinsky 模型，其形式为：

$$\nu_\tau = (c\Delta)^2 \left|\overline{S}\right| \tag{8.2.3}$$

修正后的涡粘系数模型为:

$$\nu_\tau = (cD_n\Delta)^2 \left|\overline{S}\right| \tag{8.2.4}$$

D_n 为修正函数,其形式为:

$$D_n = \left[1 - \mathrm{Exp}\left(-y^+/A^+\right)^3\right] \times \left[\frac{C_1}{\mathrm{Exp}\left(y^+/y_0^+\right)^4} + 1\right] \tag{8.2.5}$$

其中,$A^+ = 25$,$C_1 = 200$,$y_0^+ = 70$。

该模型能产生恰当的动能耗散率,从而使得湍流中亚滤波尺度运动的能量耗散量在模型中得到平衡。经过与模型实测数据和 DNS 计算结果的对比,验证了其准确性,效果理想。

8.3 公路隧道自然通风机理

8.3.1 公路隧道流场的建立与发展

运动车辆是隧道内空气流动的动力来源。在隧道的底部,空气与运动汽车直接接触并获得最初的动能。由于流体黏度和流层间动量交换的存在,能量被逐渐向上传送,从而带动上层流层的流动。一部分能量被空气吸收,用于增加气流的速度,另一部分则消耗在湍流中。流场的发展和能量传递分为两个阶段。当车辆刚开始移动时,从车辆传递而来的绝大部分能量都被用来增加气流速度。此时,能量的耗散也最大。此后,两者都逐渐减少,能量耗散趋于稳定,而动能增量则趋于零。

公路隧道中的能量传递及耗散方程为:

$$\underbrace{\frac{\mathrm{d}W}{\mathrm{d}x}}_{\Delta W} = \underbrace{\frac{\tau}{u}\frac{\mathrm{d}u}{\mathrm{d}z} + \frac{\mathrm{d}\tau}{\mathrm{d}z}}_{\Delta E} + \underbrace{\frac{1}{2}\rho\frac{\mathrm{d}u}{\mathrm{d}t}}_{\Delta K} \tag{8.3.1}$$

其中,ΔW 代表的是车辆传递给单位体积空气的总能量,这部分总能量在流场中演化为两个部分,一部分被流体吸收,转化为其自身的动能增量,余下的部分则在湍流中耗散。ΔE 代表的是流场中因湍流而耗散的能量,ΔK 代表的是流场中流体的动能增量。

在车流刚刚启动的初始时刻,流场中能量耗散和动能的增量最大。随着流场的发展,能量耗散和动能的增量逐渐降低。在整个隧道空间中,瞬时能量耗散主要集中在流场的顶部和底部,沿隧道高度呈不对称的 "U" 形分布。在流场发展到隧道顶部之前,气流的瞬时动能增量随隧道高度增加,且隧道上层气流的速度增长速度要高于下层流场。当流场进一步发展，流场逐渐趋于稳定。在此过程中，能量耗散也趋于稳定，在空间中仍呈不对称的"U"形分布。随着流场趋于稳定，整个空间中的流场动能增量趋向于零。

本书将公路隧道的流场简化为沿着隧道长度方向和高度方向的二维流场，并且认为隧道地面随着车辆一起运动，和运动车辆具有相同的速度。在这样的假设条件下，隧道内运行的车辆相当于固定在运动路面上的物体。于是，公路隧道内的流场可以看成有限空间内由粗糙垫面平移而产生的拖拽流动，即由粗糙平板平移而引起的Couette流动。

本书将隧道流场分为三个流场结构。上层流场主要受隧道顶部壁面的影响，称之为壁面影响区；中部流场主要受行驶车辆的影响，称之为车辆影响区；底部流场具有很强的紊流强度，称之为紊流底层（图8.3.1）。

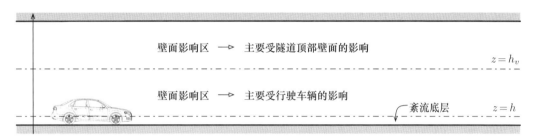

图8.3.1　公路隧道流场分区

壁面影响区的稳态流速分布公式为：

$$u_1(z) = \frac{1}{\kappa}\sqrt{\frac{\tau}{\rho}}\left[\ln\left(\frac{H-z}{\nu}\sqrt{\frac{\tau}{\rho}}\right) + 2.04\right] \quad h_v \leqslant z \leqslant H \quad (8.3.2)$$

车辆影响区的稳态流速分布公式为：

$$u_2(z) = v_0 - \frac{1}{\kappa}\sqrt{\frac{\tau}{\rho}}\left[\ln\left(\frac{z-h}{\epsilon}\right) + 8.5\right] \quad h \leqslant z < h_v \quad (8.3.3)$$

根据粗糙Couette流动零点理论，公路隧道紊流底层中的流场速度公式为：

$$u_x = v_0 \quad (8.3.4)$$

在稳定的状态下，均匀连续的车流在公路隧道内形成的流场为一条"S"形的双对数曲线。在车辆影响区的底层空气流速最大，随着高度的增加，气流速度逐渐降低。流速沿高度呈对数变化，流速分布在车辆影响区内呈现一条下凹的曲线。在车辆影响区和壁面影响区的交界面上，出现流速分布曲线的拐点，随着隧道高度的增加，流速继续降低。流速沿高度也呈对数变化，在壁面影响区中，由于受到隧道顶部壁面的限制，流速分布呈现为一条上凸的曲线，在隧道顶壁表面，流场的速度降为零（图8.3.2）。

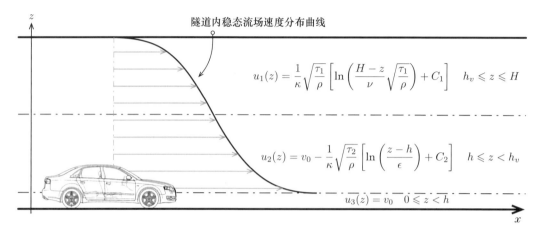

图 8.3.2　公路隧道流场的流速分布

为了反映流场的发展过程，结合这两方面的特性，并基于上述实验测试数据，本文提出渐进衰减函数 $\psi(z,t)$，用于描述隧道中气流的发展过程。具体表达式如下：

$$\psi(z,t) = 1 - \frac{9.6H}{t}\frac{z-h}{H-h} \quad (h \leqslant z \leqslant H; t > 0) \tag{8.3.5}$$

其中，t 为时间，当 $t=0$ 时，隧道中的车辆保持静止；当 $t>0$，隧道中的车流开始运动。

引入渐进衰减函数后，公路隧道中的流场演化方程为：

$$u_1(z,t) = \frac{1}{\kappa}\sqrt{\frac{\tau}{\rho}}\left[\ln\left(\frac{H-z}{\nu}\sqrt{\frac{\tau}{\rho}}\right) + 2.04\right]\psi(z,t) \quad h_v \leqslant z \leqslant H \tag{8.3.6}$$

$$u_2(z,t) = \left[v_0 - \frac{1}{\kappa}\sqrt{\frac{\tau}{\rho}}\left(\ln\frac{z-h}{\epsilon} + 8.5\right)\right]\psi(z,t) \quad h \leqslant z < h_v \tag{8.3.7}$$

$$u_3(z,t) = v_0 \quad 0 \leqslant z < h \tag{8.3.8}$$

隧道中流场分布公式也可用单一近似方程表示。

$$u(z,t) = \alpha\left\{\frac{u_0}{2} - \frac{1}{\kappa}\sqrt{\frac{\tau}{\rho}}\ln\left[\frac{z/H}{1-z/H}\right]\right\}\psi(z,t) \quad (t>0) \tag{8.3.9}$$

图 8.3.3 为单向连续车流下，公路隧道流场发展及流速分布的示意图。

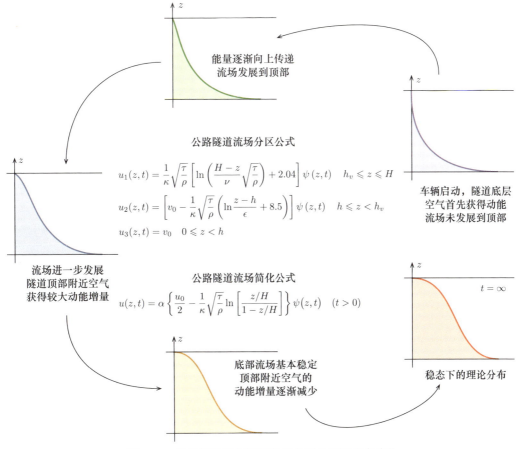

图 8.3.3　公路隧道流场逐时发展曲线及流速分布演化

8.3.2　公路隧道的压力脉动

运行车辆车头处正压的形成过程，从微观的角度看，是由于行驶汽车撞击前部的空气微团，且非刚性的空气微团与汽车头部发生的是非弹性碰撞，从而使得该空气微团获得与汽车相同的速度，于是，空气微团之间的自由程减少，密度增加，空气压力增大。

忽略公路隧道中的反射压力波，公路隧道中的单点压力波方程为：

$$p(r) = \frac{p_0}{\text{Exp}\,(\omega t + \alpha r)} \qquad (8.3.10)$$

$$r = \sqrt{(x-x_0)^2 + (y-y_0)^2 + (z-z_0)^2} \qquad (8.3.11)$$

其中，(x, y, z) 为讨论点的空间坐标，(x_0, y_0, z_0) 为压力波中心的空间坐标。

运行的车辆总是在其前端产生正压，而在其尾流处形成负压。本文称汽车前端的正压点为压力正极子，汽车尾部的负压点为压力负极子，两者合称为压力偶极子。在隧道内的压力场研究中，每一辆行驶的汽车都可以近似看成一个压力偶极子，且正负极子位于车头和车尾的中点。空间中的压力场是标量，所以满足叠加原理（图 8.3.4）。

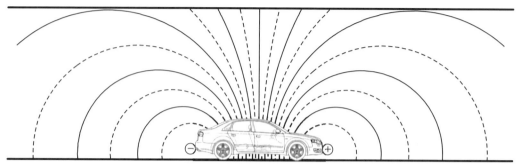

图 8.3.4 压力偶极子的二维空间压力场分布

公路隧道中的压力动态分布模型为：

$$P(x,y,z,t) = \sum_{i=1}^{n}\left[\frac{P_A}{\mathrm{Exp}(\alpha A_i)} + \frac{P_B}{\mathrm{Exp}(\alpha B_i)}\right] \quad (8.3.12)$$

其中，P_A 和 P_B 为压力偶极子中的正负极点压力；L_i 为第 i 辆车的长度；α 即为公路隧道内的空间压力分布系数，经本实验测得，取 $\alpha = 0.80$。A_i 和 B_i 分别为第 i 辆车在 t 时刻的正负极距，表达式如式（8.1.13）和式（8.1.14）所示。x_i，y_i，z_i 为第 i 辆汽车的车头处正极子的坐标分量。

$$A_i(x,y,z,t) = \sqrt{(x-x_i)^2 + (y-y_i)^2 + (z-z_i)^2} \quad (8.3.13)$$

$$B_i(x,y,z,t) = \sqrt{(x-x_i+L_i)^2 + (y-y_i)^2 + (z-z_i)^2} \quad (8.3.14)$$

在运动车辆的作用下，公路隧道内将呈现出周期性的压力脉动现象。当汽车的整个车身从测点下方通过。在此过程中，该点的压力由峰值迅速跌至谷值。随着车辆的继续行驶，前车的车尾逐渐远离测点，而后车的车头逐渐靠近。于是该点的压力又逐渐上升，直到重新达到峰值。在一般的车流状态下，车辆的间距要远大于车辆的长度。所以在压力脉动周期中，公路隧道中的压力波动表现为不对称的类正弦脉动。

多个顶部开口对隧道内压力分布的影响具有叠加关系，可以用各自衰减函数的乘积来表示。顶部开口的城市浅埋公路隧道内的三维逐时压力波分布计算公式为：

$$P(x,y,z,t) = \prod_{j=1}^{m}\zeta_j \sum_{i=1}^{n}\left[\frac{P_A}{\mathrm{Exp}(\alpha A_i)} + \frac{P_B}{\mathrm{Exp}(\alpha B_i)}\right] \quad (8.3.15)$$

8.3.3 公路隧道顶部竖井流场特性

公路隧道中的空气流动是有限空间内车辆行驶而引发的拖拽流动。实验表明，在隧道顶部开口处，上方的空气会因隧道内气流的诱导作用而被吸入隧道。

在隧道的进口端，顶部开口的进风速度最大，沿隧道长度方向，顶部开口的进风速度逐渐降低。此外，隧道顶部开口的气流速度并不是均匀的，在顶部开口内部，进风速度沿车流方向增加。在隧道的入口段，顶部开口处的风速分布为一条上凸曲线。沿着隧道向前，曲线的曲率逐渐增大，到隧道中部附近，顶部开口的风速分布近似为一条直线。继续向前，分布曲线逐渐下凹，曲率不断变小。

靠近隧道出口的顶部开口，由于进风速度低，不但进风量小，更主要的是当气流一进入隧道内部，便顺着隧道内的气流贴着隧道顶部流动。之后，或始终位于隧道顶部，或要经较长时间才与底层空气掺混。这类靠近隧道出口端的开口对降低隧道内污染物浓度，提高空气质量帮助不大。

开口数量和车速的变化均不会造成顶部开口处气流方向的改变。在连续的车流下，尽管行驶的车辆会在隧道内产生正负交替的压力变化，但是在整个过程中，顶部开口处的流场并没有出现流向的改变。所有顶部开口处的气流方向均为由外向内，没有出现所谓的"呼吸"现象（图 8.3.5）。

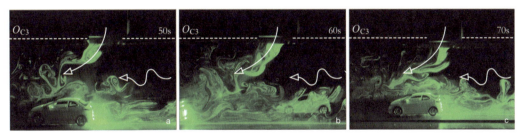

图 8.3.5 顶部开口 O_{C3} 处三个时刻的气流影像

隧道顶部开口数量对顶部开口的进风没有显著影响，这也从一个侧面说明了，将公路隧道内的流场简单当作管流处理是不恰当的。车辆在行驶过程中将能量传递给空气，但同时又消耗燃料，弥补能量的耗散，维持行进速度。隧道中的空气在流动中必有能量的耗散，但是与此同时，也受到运行车辆源源不断的能量补充。于是，我们可以认为隧道中的气流在沿隧道长度方向流动时，其能量是恒定的。所以，实验中才会出现隧道顶部开口的进风速度不受开口数量影响的现象。

8.3.4 车辆运行时的火灾烟气流动特性

隧道狭长、近乎为封闭空间，相比其他类型的火灾，隧道火灾具有其特殊性。火灾及烟气蔓延速度快，燃烧热会在短时间内堆积，导致隧道内部温度迅速上升。不完全燃烧所产生的烟气是导致人员死亡的最主要因素。

公路隧道中的火灾烟气流动是浮力效应和重力效应耦合作用下的分层流结构。在火灾上游，由于热量在短距离内堆积，烟气温度较高，浮力效应较强，烟气分层结构较为稳定。而在火灾下游，由于热量的分散，烟气温度较低，浮力效应较弱，烟气分层结构的稳定性较差。

火灾初期无组织逃生行为调研研究表明，当车辆后方发生火灾时，约 98% 的驾车人员的选择是继续向前行驶，当火灾发生在车辆前方的时候，大约有 43.33% 的人员选择继续驾车前进，其余 56.67% 的人员选择弃车步行逃生。总而言之，在公路隧道火灾初期，隧道内车辆的继续行驶是必然的，忽略运行车辆而纯粹研究公路隧道火灾初期的烟气特性，其考虑的因素是不全面的。

火灾形成的火羽流在撞击隧道顶面后向四周蔓延，最终受到隧道侧壁的限制而转变为向两侧的水平流动。隧道顶部的烟气也以脉冲波的形式一团一团地向两侧流动，类似间歇性地顶棚射流。

在火灾上游，由于烟气的蔓延方向和纵向气流相反，烟气的流动主要是黏性和惯性力综合作用的结果，表现出的是一种反向流剪切。当车速较小时，烟气和空气的分界面处会形成一定厚度且反向流动的烟气。当公路隧道中的车速较大时，运行车辆引发的气流脉动将引起隧道上层烟气结构的失稳。烟锋处的绝大部分流态转变为与纵向气流同向的湍流流动。随着烟气的蔓延，烟气的温度不断衰减。又因其沿途卷吸周围空气，导致流动速度逐渐降低。蔓延一段距离后，当浮力作用逐渐衰退，以至不足以维持其悬浮状态时，烟气前锋开始下沉。在纵向气流的作用下，出现逆流现象。

由于运动车辆会在隧道中产生脉动的纵向气流，这使得火灾下游烟气的流动和上游烟气的流动有着本质的区别。在离火源较近处，由于烟气的蔓延速度要高于纵向气流的速度，烟气层表现为一团团下卷的涡流。随着烟层的蔓延，烟气流动速度逐渐放缓。当烟气的蔓延速度低于纵向气流速度时，烟气层表现为一团团上卷的涡流。与上游的烟气流动相比，下游的烟气层显得较为凌乱，烟气与下方空气的分界面也不清晰。烟气前锋下沉后到达行车区域，在行驶车辆的撞击和卷吸下，与下层空气充分混合，并随车辆向前流动，并弥漫在整个隧道空间。

为了反应周围环境对烟气温度衰减的影响，本书在 Froude 数中加入了一个无量纲的温度比值，即 T_s/T_f。于是本书中所采用的 Froude 数的表达式为：

$$\mathrm{Fr} = \frac{\Delta U \left(T_s/T_f\right)}{\left[gH\left(\Delta T/T_s\right)\right]^{1/2}} \quad (8.3.16)$$

其中，$\Delta u = u_f - u_s$，$\Delta T = T_s - T_f$，T_s 为烟气的平均温度，T_f 为周围环境温度，H 为隧道高度。实验证明，在车辆运行时，公路隧道内烟气的分层状态可根据 Froude 数分为以下 4 个区域：

• $\mathrm{Fr} \leqslant 0.52$，热浮力主导，烟气分层结构稳定，具有清晰明显的分层界面；

• $0.52 \leqslant \mathrm{Fr} \leqslant 1.41$，热浮力与气流惯性力耦合主导，烟气较为稳定，但已经出现间歇性的惯性失稳现象，只是烟层还未达到人行高度；

- 1.41 ≤ Fr ≤ 2.25，仍旧是热浮力与气流惯性力耦合主导，但由于剪切作用的增强，烟层的间歇性失稳现象愈发严重，烟层已经达到人行高度；
- Fr ≥ 2.25，气流惯性力主导，烟气层完全失稳，分层界面消失，烟气与隧道内空气完全掺混。

在火灾早期，如果能维持烟气的分层结构，可以使烟气悬浮于隧道上部空间，这对人员疏散和逃生至关重要。研究表明，当 Fr ≤ 0.52，热浮力主导，烟气分层结构稳定，具有清晰明显的分层界面。当 0.52 ≤ Fr ≤ 1.41，热浮力与气流惯性力耦合主导，烟气较为稳定，但已经出现间歇性的惯性失稳现象，只是烟层还未达到人行高度。当 1.41 ≤ Fr ≤ 2.25，仍旧是热浮力与气流惯性力耦合主导，但由于剪切作用的增强，烟层的间歇性失稳现象愈发严重，烟层已经达到人行高度。当 Fr ≥ 2.25，气流惯性力主导，烟气层完全失稳，分层界面消失，烟气与隧道内空气完全掺混。

烟气在竖井自然排烟过程中主要受到了水平惯性力和垂直浮升力的耦合作用。当水平惯性力过大时，会导致竖井底部拐角处流场边界层的剥离现象严重，降低排烟效能；而当垂直浮升力过大时，会导致竖井底部烟层的吸穿现象，同样会降低竖井排烟效能。水平惯性力与垂直浮升力之间需达到一种平衡点，才能使竖井获得最佳的排烟效果。在实际隧道的建设中，为同时抑制边界层剥离和吸穿现象，确保隧道竖井的排烟效能，本书建议实际公路隧道顶部竖井的高度应控制在 3～4m 之间。

8.4 公路隧道自然通风强化措施及效能

8.4.1 公路隧道竖井自然通风模型

公路隧道中的空气流动是有限空间内车辆行驶而引发的拖拽流动。顶部竖井处的"呼吸"现象并不是一个必然现象，只是隧道内湍流的不确定湍动，从而在顶部开口附近形成的一个受限的剥离现象。在通常的情况下，顶部竖井处的压力波动引发的只是气流速度大小的波动，而不会引起气流方向的改变。

图 8.4.1 为公路隧道内单纯由运行车辆引发的截面流量分布曲线。从图中可以看出，外界的空气从隧道入口处进入隧道后，不断得从流场中吸收能量，并转化为自身的动能增量，流动速度逐渐增大，最后速度趋于稳定。在隧道长度位置 x 处，隧道横截面的总风量方程为：

$$Q(x) = \int_0^t \int_0^H \alpha W \left\{ \frac{U_0}{2} - \frac{1}{\kappa}\sqrt{\frac{\tau}{\rho}} \ln\left[\frac{z/H}{1-z/H}\right] \right\} \mathrm{Er}fc\left(\frac{z\sqrt{U}}{72\sqrt{\nu x}}\right) \mathrm{d}z\mathrm{d}t$$

(8.4.1)

公路隧道内单纯由运行车辆引发的截面流量分布如图 8.4.1 所示。

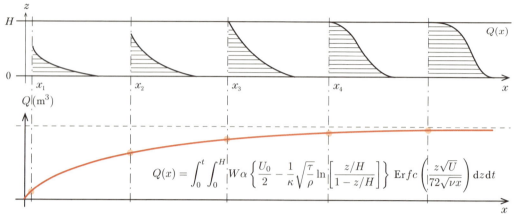

图 8.4.1　公路隧道内单纯由运行车辆引发的截面流量分布

根据公路隧道洁面总风量方程，可以推导得出公路隧道顶部开口通风潜力方程，如下所示：

$$U = l\frac{dQ}{dx}\bigg|_{x=x_0} \quad (8.4.2)$$

在隧道的进口端，顶部开口的通风潜力最大，随着隧道的深入和流场的发展，隧道内的流场速度趋于稳定，顶部开口处的进风速度逐渐降低，进风量逐渐趋于零。另外，在无垂直脉动的情况下，顶部开口处流场的流向一直为由外向内进风状态（图 8.4.2）。

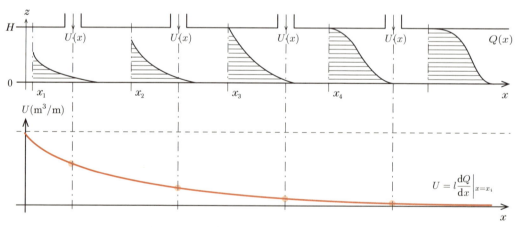

图 8.4.2　公路隧道顶部开口通风潜力分布

在隧道进口处附近，隧道外部的空气以较快的速度被吸进隧道，并进入隧道下层，最终卷入运行车辆的尾流中。隧道出口附近竖井的进风速度较小，但是仍旧表现为进风状态。此处的空气进入隧道后，在纵向气流的作用下，直接贴附隧道顶部流动。此处的竖井自然通风效果较差，为隧道内部空气质量的改善作用有限，需对其进行自然通风的强化。

引入公路隧道中的压力波方程后，可以得到附加脉动量下的公路隧道顶部开口进风速度方程。

$$du = d\prod_{j=1}^{m}\zeta_j \sum_{i=1}^{n}\left[\frac{P_A}{\text{Exp}(\alpha A_i)} + \frac{P_B}{\text{Exp}(\alpha B_i)}\right]\bigg/\rho u \qquad (8.4.3)$$

图 8.4.3 为考虑运动车辆脉动影响下的公路隧道竖井通风速度理论分布示意图。图中实线为无压力脉动下的顶部竖井通风速度分布曲线，可以将其理解为压力脉动下竖井通风速度的时均值。图中阴影部分是考虑了脉动影响的竖井通风波动区间。也就是说，在隧道内压力波动的影响下，竖井内的进风速度测试值（向下为正，向外为负），可能在阴影所在的上下限内出现。

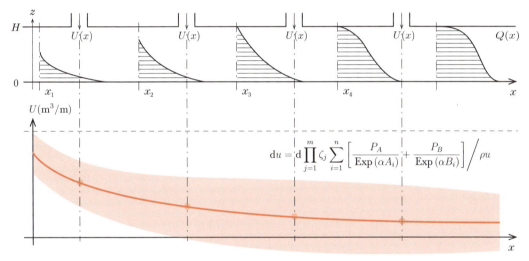

图 8.4.3　考虑脉动的公路隧道进风速度分布示意图

由于压力脉动的存在，在隧道内的部分区域（一般出现在隧道的出口附近），风速值会出现负值，也就是说在隧道的这些区域会出现短暂的流场方向反转，出现由内向外的气流。但是这个由内向外气流出现的原因是行驶车头的靠近，导致隧道下方的压力高于隧道外侧压力，从而产生流场外流现象。但是这个方向的气流存在的时间非常的短暂，当车辆驶离竖井下方时，竖井内的流场随即受到相反的压力作用，其流动方向又转变为由外向内的流动。

在整体上，竖井内的气流在竖井内做短促的上下波动，表现为伴有短促波动的少量进风现象。此处的竖井对隧道空气质量提升的作用不大，需要对其进行通分强化。

8.4.2　公路隧道自然通风强化措施

在实际公路隧道中，距离进口 500m 以上的竖井进风速度较低，约为最大进风量的 5%，此类竖井基本上起不到改善隧道空气质量的作用。由于隧道竖井基本流场机理的限定，公路隧道中后段的竖井无法通过改变其构造而提升其进风速度，但是可以通过改变竖井的构造，使其从原来微弱的进风状态转变为可观的出风状态。这样不但能激活该处竖井的通风功能，而且可以增加前段竖井的进风效果。从而在隧道中形成一种前段竖井进风，后段竖井出风的气流状态，更加有利于隧道的通风和隧道内外的空气交换（图 8.4.4）。

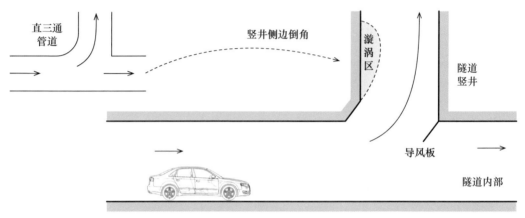

图 8.4.4　竖井侧边倒角的优化方案

要使竖井的进风状态转变为出风状态，必须以某种形式在竖井的底部制造高于外界大气压的正压区。在工程实践中最为经济和简便的方法是在隧道竖井的底部加设单侧导风板。

当设置导风板后，单位时间内通过导风板进入隧道竖井的流体质量公式为：

$$m(\theta) = \frac{1}{2}\rho u L \sin\theta W(1+\cos\theta) \tag{8.4.4}$$

当导风板的水平夹角为 60° 时，可以获得最大的竖井排风量。

在公路隧道竖井下方加设导风板可以使公路隧道深处原本进风效果久不佳的竖井转换为排风状态，从而增强整个隧道的自然通风效能。但是由于竖井内部旋涡区的存在，竖井的空间利用效率不高。当隧道顶部附近的气流在隧道顶面下做贴附流动时，在顶壁面附近存在紊流边界层。当气流流经竖井下方拐角处时，气流的边界层再无壁面可以依附，遂发生边界层分离现象。流体边界层分离后形成漩涡区。竖井中涡流区不能起到通风作用，但却占据了隧道竖井的空间。

为了减弱流体在变径管处的涡流，一般采用局部倒角和倾斜管来代替，以便减少涡流区域，获得更为平缓的流场。在此处，可以采用同样的思路来对隧道竖井进行结构改进。可以在原有直角处进行倒角，或者将原有的垂直竖井改为倾斜竖井。当倾斜角度越大时，竖井的拐角越接近直角，竖井内的涡流区域也就越大，此处的流动阻力和流场能量耗散也就越大，排风效能越低。但是当竖井倾斜角度小于30°时，虽然涡流区域较小，由于竖井横截面降低，竖井的排风效能降低。当竖井的倾斜夹角较小时，竖井的施工难度也随之上升。

综合流场特性和施工成本，本书建议采用垂直竖井加局部倒角的方式来减弱竖井内部的涡流区域。此外，由于过宽的竖井并不能产生更好的排风效能，竖井长度以导风板垂直高度的2～3倍为宜。

理论和实验测试均表明，当导风板长度一定时，导风板与水平面的夹角为60°时，竖井内可以获得最大的排风效能，排风风速约为设置导风板前进风风速的3倍。由于过宽的竖井并不能产生更好的排风效能，竖井长度以导风板垂直高度的2～3倍为宜。倾斜竖井也是强化通风的一种方式，在相同的车流条件下，倾斜竖井较垂直竖井可以获得约20%的通风效能提升。但是考虑到倾斜竖井的施工难度要高于垂直竖井，本书建议采用侧边倒角的垂直竖井结合导风板的形式来进行竖井通风强化。

8.4.3 公路隧道竖井自然通风效能

基于本书前文中提到的4类公路隧道竖井布置方案和3类模型车速（1.0m/s、1.5m/s和2.0m/s）进行模型隧道竖井流场实测，并对部分竖井进行了强化措施改造，具体为：在竖井底部设置30mm长，倾斜角度为60°的导风板；竖井另一侧边改为30mm长，倾角为60°的倒角（图8.4.5）。

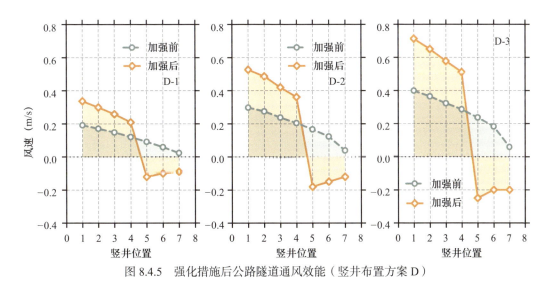

图8.4.5　强化措施后公路隧道通风效能（竖井布置方案D）

实验表明，经过自然通风强化改造的竖井，其通风状态都从原来的进风转变为排风，且平均排风风速要高于原来的进风风速，在相同条件下约为原来进风速度的3倍。对公路隧道中后半段的竖井进行通风强化改造后，隧道中前半段竖井的平均进风速度较原来有明显的提升,约为原有竖井平均进风速度的 1.73 倍。

隧道在经过通风强化改造后,隧道前段竖井的进风速度分布规律与改造前保持一致,体现为进口处最大,之后随着隧道的深入,竖井的进风速度逐渐降低。隧道中后段竖井在进行通风强化改造后,其竖井平均排风速度随着隧道的深入基本保持不变,不具有显著差异性。自然通风强化改造后,公路隧道的整体通风效能有明显提升。

当对 O_{D5}、O_{D6} 和 O_{D7} 3 个竖井进行了自然通风强化改造后,在 1.0m/s、1.5m/s 和 2.0m/s 的模型车速下,隧道的整体通风效能为 0.612m³/min、0.969m³/min 和 1.341m³/min,相当于置换了长度为 19.86m、31.47m 和 43.55m 的隧道总空气量,约为改造前的 1.73 倍。

总体而言,在对公路隧道进行了自然通风强化改造后,竖井的通风状态会从原来的微弱进风转为明显的排风。由于隧道中后段竖井的排风作用,隧道前段竖井的进风风速也会随之提升。实施通风强化措施后隧道的整体通风效能约提升为原来的 1.73 倍。

附录 A 流场公式及能量平衡方程推导

A.1 公路隧道流场分布公式推导

A.1.1 壁面影响区流场分布公式推导

在隧道空间中建立笛卡儿直角坐标系,以公路隧道顶面,为垂直方向的坐标零点,向下为正。沿隧道长度方向为 x 轴,沿隧道高度方向为 z 轴,沿隧道宽度方向为 y 轴。根据上述的流场结构分区结论和二维流场假设,在壁面影响区中取一个尺寸为 $\mathrm{d}x \times \mathrm{d}z$ 的二维流体微元,如图 A.1.1 所示。假设该微元左侧受到的压力为 p,右侧受到的压力为 $p+\mathrm{d}p$。由于处于底层运动车辆作用下的隧道流场中,所以下侧面的剪切应力与流体微元的运动方向相同,记为 τ,上侧面的剪切应力与流体微元的运动方向相反,记为 $\tau+\mathrm{d}\tau$。另外,记流体微元沿 x 方向的速度为 u_x,沿 z 方向的速度为 u_z,流体微元的密度为 ρ。

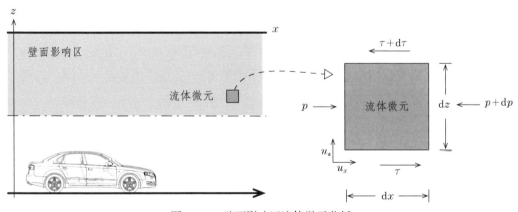

图 A.1.1 壁面影响区流体微元分析

建立稳态不可压缩的二维流体动量方程如式（A.1.1）和式（A.1.2）所示。

$$u_x \frac{\partial u_x}{\partial x} + u_z \frac{\partial u_x}{\partial z} = f_x - \frac{1}{\rho} u_x \frac{\partial p}{\partial x} + \frac{\partial}{\partial z}\left(-\overline{u'^2_x}\right) + \frac{\partial}{\partial z}\left(-\overline{u'_x u'_z}\right) + \nu \nabla^2 u_x$$

（A.1.1）

$$u_x\frac{\partial u_z}{\partial x} + u_z\frac{\partial u_z}{\partial z} = f_z - \frac{1}{\rho}u_z\frac{\partial p}{\partial z} + \frac{\partial}{\partial z}\left(-\overline{u'^2_z}\right) + \frac{\partial}{\partial z}\left(-\overline{u'_x u'_z}\right) + \nu\nabla^2 u_z \tag{A.1.2}$$

其中 u'_x 和 u'_z 分别是流场在 x 方向和 z 方向上非恒定的小脉动量。

由于流体处于稳定状态，所以流体微元的受力必定平衡。于是得到受力平衡方程，如式（A.1.3）所示。

$$p + \tau = p + \mathrm{d}p + \tau + \mathrm{d}\tau \tag{A.1.3}$$

根据隧道流场的第一条假设，得到式（A.1.4）。

$$\frac{\partial u_x}{\partial x} = 0 \quad \frac{\partial u_z}{\partial x} = 0 \quad \frac{\partial p}{\partial x} = 0 \tag{A.1.4}$$

联立式（A.1.1）～式（A.1.4），得到式（A.1.5）和式（A.1.6）。

$$0 = \frac{\partial}{\partial z}\left(-\overline{u'_x u'_z}\right) + \nu\frac{\partial^2 u_x}{\partial z^2} \tag{A.1.5}$$

$$0 = g - \frac{1}{\rho}\frac{\partial p}{\partial z} + \frac{\partial}{\partial z}\left(-\overline{u'^2_z}\right) \tag{A.1.6}$$

$$\frac{\mathrm{d}\tau}{\mathrm{d}z} = 0 \tag{A.1.7}$$

将式（A.1.5）沿 z 方向积分，有：

$$C = -\overline{u'_x u'_z} + \nu\frac{\partial u_x}{\partial z} \tag{A.1.8}$$

由于在隧道顶部壁面处，流场速度为零。于是有，$z=0$，$-\overline{u'_x u'_z}=0$。$\nu\partial u_x/\partial z = \tau_0/\rho$，$\tau_0$ 为壁面切应力。于是得到积分常数 $C = \tau_0/\rho$。代入式（A.1.8）得到：

$$\frac{\tau_0}{\rho} = -\overline{u'_x u'_z} + \nu\frac{\partial u_x}{\partial z} \tag{A.1.9}$$

令，

$$\frac{\tau_0}{\rho} = u_*^2 \tag{A.1.10}$$

假设壁面影响区的流场厚度为 h_1，联立式（A.1.9）和式（A.1.10）得到：

$$-\overline{u'_x u'_z} + \nu\frac{\partial u_x}{\partial z} = u_*^2\left(1 - \frac{z}{h_1}\right) \tag{A.1.11}$$

对式（A.1.11）做如下变换：

$$\frac{-\overline{u'_x u'_z}}{u_*^2} + \frac{\nu}{u_*^2 h_1}\frac{\mathrm{d}(u_x/u_*)}{\mathrm{d}(z/h_1)} = \left(1 - \frac{z}{h_1}\right) \tag{A.1.12}$$

$$\frac{-\overline{u'_x u'_z}}{u_*^2} + \frac{\mathrm{d}(u_x/u_*)}{\mathrm{d}(zu_*/\nu)} = 1 - \frac{\nu}{u_* h_1} \frac{z u_*}{\nu} \quad (\text{A.1.13})$$

再令，$\eta = z/h_1$，$u_x/u_* = u^+$，$zu_*/\nu = z^+$，$\mathrm{Re}_* = u_* h_1/\nu$，则上式可以写为：

$$\frac{-\overline{u'_x u'_z}}{u_*^2} + \mathrm{Re}_*^{-1} \frac{\mathrm{d}u^+}{\mathrm{d}\eta} = 1 - \eta \quad (\text{A.1.14})$$

$$\frac{-\overline{u'_x u'_z}}{u_*^2} + \frac{\mathrm{d}u^+}{\mathrm{d}z^+} = 1 - \mathrm{Re}_*^{-1} z^+ \quad (\text{A.1.15})$$

在式（A.1.15）中，当 $\mathrm{Re}_*^{-1} \to \infty$，而 z^+ 保持为有限值，即在隧道顶部壁面附近，则 $\mathrm{Re}_*^{-1} z^+ \to \infty$，方程简化为：

$$\frac{-\overline{u'_x u'_z}}{u_*^2} + \frac{\mathrm{d}u^+}{\mathrm{d}z^+} = 1 \quad (\text{A.1.16})$$

单位质量的雷诺应力 $-\overline{u'_x u'_z}$ 可以用普朗特掺混长度来模拟，即：

$$-\overline{u'_x u'_z} = l^2 \left(\frac{\mathrm{d}u_x}{\mathrm{d}z}\right)^2 \quad (\text{A.1.17})$$

无量纲的掺混长度 l^+ 为：

$$l^+ = \frac{l u_*}{\nu} \quad (\text{A.1.18})$$

应用范德里斯公式[95]：

$$l^+ = \kappa z^+ \left[1 - \mathrm{Exp}\left(-\frac{z^+}{A^+}\right)\right] \quad (\text{A.1.19})$$

式中，A^+ 为阻尼系数（damping length constant），$A^+ = A u_*/\nu$。代入式（A.1.16），有：

$$l^{+2} \left(\frac{\mathrm{d}u^+}{\mathrm{d}z^+}\right)^2 + \left(\frac{\mathrm{d}u^+}{\mathrm{d}z^+}\right) = 1 \quad (\text{A.1.20})$$

解式（A.1.20），得到：

$$\frac{\mathrm{d}u^+}{\mathrm{d}z^+} = \frac{-1 + \sqrt{1 + 4l^{+2}}}{2l^{+2}} = \frac{2}{1 + \sqrt{1 + 4l^{+2}}} \quad (\text{A.1.21})$$

沿 z 方向对式（A.1.21）进行积分，可得到在近壁区的流速分布公式：

$$u^+ = \int_0^{z^+} \frac{2}{1 + \sqrt{1 + 4l^{+2}}} \mathrm{d}z^+ \quad (\text{A.1.22})$$

由于在壁面处，流场的速度为零，即，$z^+ = 0$，$u^+ = 0$，因此积分常数为零。上式对隧道近壁区的黏性底层、过渡层以及对数区都是适用的。例如：

在近壁面区域，即，$z^+ \ll A^+$，$l^+ \to 0$，由式（A.1.22）得：

$$u^+ = z^+ \tag{A.1.23}$$

上式即为隧道顶部壁面粘性底层的流场分布情形。从公式可以看出，在隧道顶部壁面粘性底层中，流速为线性分布，沿垂直高度线性增加。

在远壁面区，即 $A^+ \ll z^+ \to \infty$，此时，$l^+ = \kappa z^+ \gg 1$，由式（A.1.22）得：

$$u^+ = \frac{1}{\kappa}\ln z^+ C_1 \tag{A.1.24}$$

$$u_x = \frac{1}{\kappa}\sqrt{\frac{\tau}{\rho}}\left[\ln\left(\frac{z}{\nu}\sqrt{\frac{\tau}{\rho}}\right) + C_1\right] \tag{A.1.25}$$

积分常数 C 根据壁面情况由实验确定。根据 Nayak 和 Stevens[31] 对于隧道中行驶车辆的空气动力学阻力研究，取 $C_1 = 2.04$。

A.1.2 车辆影响区流场分布公式推导

对于公路隧道中单向匀速的车流状态，参照运动车流建立笛卡儿直角运动坐标系，以紊流底层和车辆影响区的交界面为垂直方向的坐标零点，向上为正。还是取车辆影响区中的一个流体微元进行研究，流体微元的各类参数与壁面影响区流体微元相同，这里就不再赘述，具体见图 A.1.2。

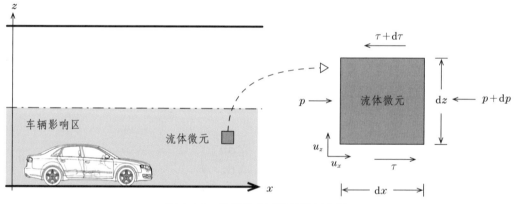

图 A.1.2 车辆影响区流体微元分析

同理，可以建立车辆影响区中的二维流体动量方程和力平衡方程如式（A.1.26）和式（A.1.27）所示。

$$u_x\frac{\partial u_x}{\partial x} + u_z\frac{\partial u_x}{\partial z} = f_x - \frac{1}{\rho}u_x\frac{\partial p}{\partial x} + \frac{\partial}{\partial z}\left(-\overline{u'^2_x}\right) + \frac{\partial}{\partial z}\left(-\overline{u'_x u'_z}\right) + \nu\nabla^2 u_x \tag{A.1.26}$$

$$p + \tau = p + \mathrm{d}p + \tau + \mathrm{d}\tau \tag{A.1.27}$$

引入普朗特掺混长度理论和范德里斯公式。由于采用的是移动坐标系，所以，当

$z=0$ 时，$u_x=0$。求解过程与壁面影响区流速公式的求解过程类似，这里就不再一一列出，最后求得方程的解为：

$$u_0 - u^+ = \frac{1}{\kappa}\ln z^+ C_2 \quad (\text{A.1.28})$$

将上式展开，得到车辆影响区中的流场分布公式，如式（A.1.29）所示。

$$u_x = v_0 - \frac{1}{\kappa}\sqrt{\frac{\tau}{\rho}}\left[\ln\left(\frac{z-h}{\epsilon}\right) + C_2\right] \quad (\text{A.1.29})$$

ϵ 为汽车表面的粗糙高度，取 $\epsilon = 1\times 10^{-6}$m。$C_2$ 为待定参数，根据 Aydin 和 Leutheusser[24] 对于粗糙壁面的平板 Couette 流动的研究，取 $C_2 = 8.5$。

A.2 公路隧道流场能量平衡方程的分项表达推导

书中给出了湍流剪切流场中能量的演化和平衡方程如式（3.1.14）所示，但其仍不能直接用于公路隧道流场能量传递和演化的分析。下面将针对公路隧道流，对式（3.1.14）进行展开，给出能量平衡方程中的各个分项表达。

为了方便分析，现将公路隧道中的流场演化公式及流场剪切应力的表达式现摘录如下：

在壁面影响区：

$$u_1(z,t) = \frac{1}{\kappa}\sqrt{\frac{\tau}{\rho}}\left[\ln\left(\frac{H-z}{\nu}\sqrt{\frac{\tau}{\rho}}\right) + 2.04\right]\psi(z,t) \quad h_v \leqslant z \leqslant H \quad (\text{A.2.1})$$

在车辆影响区：

$$u_2(z,t) = \left[v_0 - \frac{1}{\kappa}\sqrt{\frac{\tau}{\rho}}\left(\ln\frac{z-h}{\epsilon} + 8.5\right)\right]\psi(z,t) \quad h \leqslant z \leqslant h_v \quad (\text{A.2.2})$$

在紊流底层：

$$u_3(z,t) = v_0 \quad 0 \leqslant z \leqslant h \quad (\text{A.2.3})$$

流场内的湍流剪切应力为：

$$\tau = \frac{\rho v_0^2 \kappa^2}{\text{LambertW}^2\left[e^{10.54}\dfrac{(H-h)^2 v_0 \kappa}{4\epsilon\nu}\right]} \quad (\text{A.2.4})$$

为了表达式的简化，现令：

$$\Omega = \sqrt{\frac{\tau}{\rho}} \quad (\text{A.2.5})$$

于是，式（A.2.1）和式（A.2.2）可以简写为式（A.2.6）和式（A.2.7）。

$$u_1(z,t) = \frac{1}{\kappa}\Omega\left[\ln\left(\frac{H-z}{\nu}\Omega\right)+2.04\right]\psi(z,t) \quad h_v \leqslant z \leqslant H \quad (\text{A.2.6})$$

$$u_2(z,t) = \left[v_0 - \frac{1}{\kappa}\Omega\left(\ln\frac{z-h}{\epsilon}+8.5\right)\right]\psi(z,t) \quad h \leqslant z \leqslant h_v \quad (\text{A.2.7})$$

于是，将式（A.2.4）、式（A.2.6）和式（A.2.7）代入式（3.1.14），得到：

$$\frac{\tau}{u_1} = \frac{\rho v_0^2 \kappa^2}{\text{LambertW}^2\left[e^{10.54}\dfrac{(H-h)^2 v_0 \kappa}{4\epsilon\nu}\right]} \bigg/ \frac{1}{\kappa}\Omega\left[\ln\left(\frac{H-z}{\nu}\Omega\right)+2.04\right]\psi(z,t)$$

$$(\text{A.2.8})$$

$$\frac{\tau}{u_2} = \frac{\rho v_0^2 \kappa^2}{\text{LambertW}^2\left[e^{10.54}\dfrac{(H-h)^2 v_0 \kappa}{4\epsilon\nu}\right]} \bigg/ \left[v_0 - \frac{1}{\kappa}\Omega\left(\ln\frac{z-h}{\epsilon}+8.5\right)\right]\psi(z,t)$$

$$(\text{A.2.9})$$

$$\frac{\tau}{u_3} = \frac{\rho v_0^2 \kappa^2}{\text{LambertW}^2\left[e^{10.54}\dfrac{(H-h)^2 v_0 \kappa}{4\epsilon\nu}\right]} \bigg/ v_0 \quad (\text{A.2.10})$$

在三个流场区域内，分别求解速度对高度 z 的导数，（具体过程见附录 A）于是得到：

在壁面影响区，有：

$$\frac{\mathrm{d}u_1}{\mathrm{d}z} = -9.6H\Omega\left[\ln\left(\Omega\frac{H-z}{\nu}\right)+2.04\right]\bigg/\kappa t(H-h)$$
$$-\Omega\left[1-\frac{9.6H(z-h)}{t(H-h)}\right]\bigg/\kappa(H-z) \quad (\text{A.2.11})$$

在车辆影响区，有：

$$\frac{\mathrm{d}u_2}{\mathrm{d}z} = 9.6H\Omega\left[\ln\left(\frac{z-h}{\epsilon}\right)+8.5\right]\bigg/\kappa t(H-h)$$
$$-\Omega\left[1-\frac{9.6H(z-h)}{t(H-h)}\right]\bigg/\kappa(z-h) \quad (\text{A.2.12})$$

在紊流底层，有：

$$\frac{\mathrm{d}u_3}{\mathrm{d}z} = 0 \quad (\text{A.2.13})$$

求解三个流场分区中，流场速度对时间的偏导数，得到：

在壁面影响区，有：

$$\frac{\mathrm{d}u_1}{\mathrm{d}t} = 9.6H\Omega(z-h)\left[2.04 + \ln\left(\frac{\Omega(H-z)}{\nu}\right)\right]\Big/\kappa t^2(H-h) \quad \text{(A.2.14)}$$

在车辆影响区，有：

$$\frac{\mathrm{d}u_2}{\mathrm{d}t} = -9.6H\Omega(z-h)\left[8.5 + \ln\left(\frac{z-h}{\epsilon}\right)\right]\Big/\kappa t^2(H-h) \quad \text{(A.2.15)}$$

在紊流底层，有：

$$\frac{\mathrm{d}u_3}{\mathrm{d}t} = 0 \quad \text{(A.2.16)}$$

再令，

$$\Lambda = \frac{\kappa v_0 \mathrm{e}^{10.54}}{\nu\epsilon} \quad \text{(A.2.17)}$$

$$\Gamma = \mathrm{LambertW}\left[\Lambda(h-z)(z-H)\right] \quad \text{(A.2.18)}$$

求得流场中的湍流剪切应力对隧道高度 z 的偏导数，得到：

$$\frac{\mathrm{d}\tau}{\mathrm{d}z} = \frac{\kappa v_0\left[\Lambda(z-H) - \Lambda(h-z)\right]}{\Lambda(h-z)(z-H)\Gamma\left[\Gamma+1\right]} \quad \text{(A.2.19)}$$

综上，得到三个流场区域内的能量平衡方程，如式（A.2.20）、式（A.2.21）和式（A.2.22）所示。

在壁面影响区，能量平衡方程为：

$$\underbrace{\frac{\mathrm{d}W_1}{\mathrm{d}x}}_{\Delta W_1} = \underbrace{\frac{\tau}{u_1}\frac{\mathrm{d}u_1}{\mathrm{d}z} + \frac{\mathrm{d}\tau}{\mathrm{d}z}}_{\Delta E_1} + \underbrace{\frac{1}{2}\rho\frac{\mathrm{d}u_1}{\mathrm{d}t}}_{\Delta K_1} \quad \text{(A.2.20)}$$

在车辆影响区，能量平衡方程为：

$$\underbrace{\frac{\mathrm{d}W_2}{\mathrm{d}x}}_{\Delta W_2} = \underbrace{\frac{\tau}{u_2}\frac{\mathrm{d}u_2}{\mathrm{d}z} + \frac{\mathrm{d}\tau}{\mathrm{d}z}}_{\Delta E_2} + \underbrace{\frac{1}{2}\rho\frac{\mathrm{d}u_2}{\mathrm{d}t}}_{\Delta K_2} \quad \text{(A.2.21)}$$

在紊流底层，能量平衡方程为：

$$\underbrace{\frac{\mathrm{d}W_3}{\mathrm{d}x}}_{\Delta W_3} = \underbrace{\frac{\tau}{u_3}\frac{\mathrm{d}u_3}{\mathrm{d}z} + \frac{\mathrm{d}\tau}{\mathrm{d}z}}_{\Delta E_3} + \underbrace{\frac{1}{2}\rho\frac{\mathrm{d}u_3}{\mathrm{d}t}}_{\Delta K_3} \quad \text{(A.2.22)}$$

附录 B 公路隧道压力波分布算例

B.1 公路隧道暗埋段压力波分布算例

为了便于更好地阐述隧道暗埋段中的压力波特性,下面对一个假想的公路隧道模型进行压力波的理论计算。公路隧道总长度为 $LM = 300$m,隧道高度为 $H = 5$m,隧道中单辆车的长度为 $L = 4.8$m,车间距可调,记为 S,假设各个车辆具有相同的速度 $v = 40$km/h。当车流中的第一辆车的车头达到隧道入口处时,记为时间零点,即 $t = 0$s(图 B.1.1)。

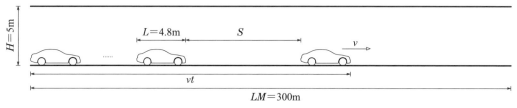

图 B.1.1 公路隧道压力波计算模型(无顶部开口)

下面给出各个时间点和各个车距下的隧道压力分布计算结果,仅考虑高度 4.9m 处的压力分布。

(1)车间距 $S = 30$m,车流运行时间 $t = 13.5$s,忽略隧道进出口对压力的衰减。隧道内的压力分布曲线如图 B.1.2 所示。

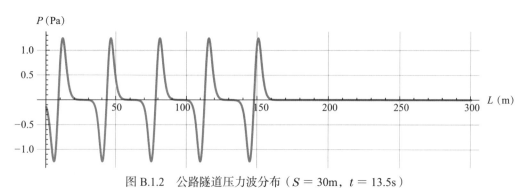

图 B.1.2 公路隧道压力波分布($S = 30$m,$t = 13.5$s)

(2)车间距 $S = 30$m,车流运行时间 $t = 27$s,忽略隧道进出口对压力的衰减。隧道内的压力分布曲线如图 B.1.3 所示。

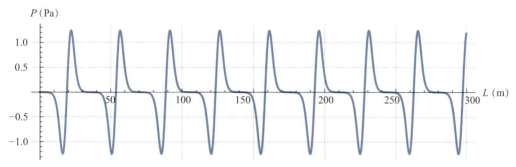

图 B.1.3　公路隧道压力波分布（$S = 30m$，$t = 27s$）

（3）车间距 $S = 50m$，车流运行时间 $t = 13.5s$，忽略隧道进出口对压力的衰减。隧道内的压力分布曲线如图 B.1.4 所示。

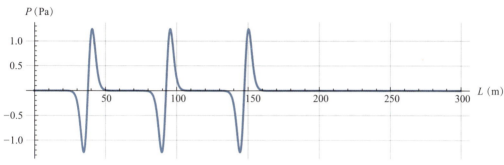

图 B.1.4　公路隧道压力波分布（$S = 50m$，$t = 13.5s$）

（4）车间距 $S = 50m$，车流运行时间 $t = 27s$，忽略隧道进出口对压力的衰减。隧道内的压力分布曲线如图 B.1.5 所示。

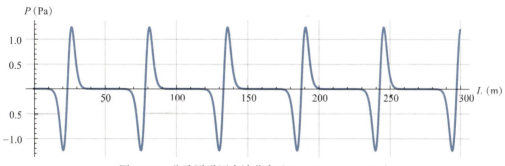

图 B.1.5　公路隧道压力波分布（$S = 50m$，$t = 27s$）

从几个不同的工况可以看出，连续的车流将在公路隧道内形成周期性的正负交替的压力波分布。压力波的周期和车辆的间距密切相关。但是由于忽略了隧道进出口对压力的衰减作用，在隧道的进出口处，理论计算的压力波依然表现出与隧道内部相同的震动幅度。这与实际情况是存在巨大差异的，所以必然考虑进出口和顶部开口等和大气联通的部位对隧道内部压力波的衰减作用。这部分将在下一节中继续讨论。

B.2 考虑洞口压力衰减的公路隧道压力分布算例

还是以上一节的计算模型为例,计算在两端进出口影响下的隧道压力波分布。假设该公路隧道的路面宽度为 $W = 5\text{m}$,其余条件和设置相同。

下面为各个时间点和各个车距下的隧道压力分布计算结果,与前方一样,仅考虑高度 4.9m 处的压力分布。

(1)车间距 $S = 30\text{m}$,车流运行时间 $t = 13.5\text{s}$,考虑隧道进出口对压力的衰减。隧道内的压力分布曲线如图 B.2.1 所示。

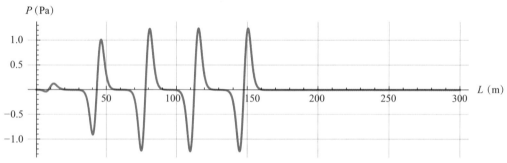

图 B.2.1　考虑两端开口的公路隧道压力波分布($S = 30\text{m}$,$t = 13.5\text{s}$)

(2)车间距 $S = 30\text{m}$,车流运行时间 $t = 27\text{s}$,考虑隧道进出口对压力的衰减。隧道内的压力分布曲线如图 B.2.2 所示。

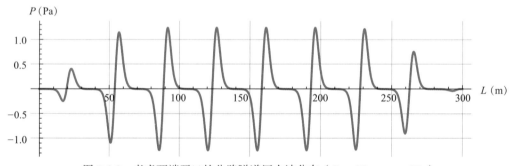

图 B.2.2　考虑两端开口的公路隧道压力波分布($S = 30\text{m}$,$t = 27\text{s}$)

(3)车间距 $S = 50\text{m}$,车流运行时间 $t = 13.5\text{s}$,考虑隧道进出口对压力的衰减。隧道内的压力分布曲线如图 B.2.3 所示。

(4)车间距 $S = 50\text{m}$,车流运行时间 $t = 27\text{s}$,考虑隧道进出口对压力的衰减。隧道内的压力分布曲线如图 B.2.4 所示。

现考虑在两端开口和顶部开口综合作用下的隧道压力波分布,在前面的计算模型的基础上,加设顶部开口的大小和位置。顶部开口的尺寸为 2.5m×5m,该隧道上设置两个顶部开口,其中心位置坐标分别为 100m 和 200m 处。其余条件和设置相同(图 B.2.5)。

附录 B 公路隧道压力波分布算例

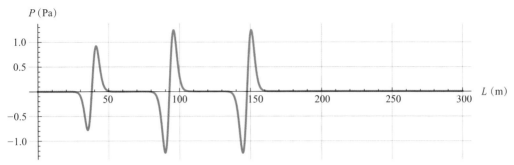

图 B.2.3 考虑两端开口的公路隧道压力波分布（$S=50\mathrm{m}$，$t=13.5\mathrm{s}$）

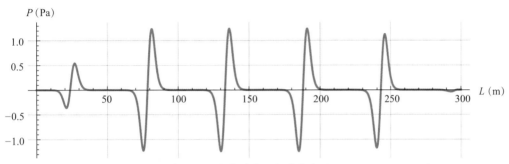

图 B.2.4 考虑两端开口的公路隧道压力波分布（$S=50\mathrm{m}$，$t=27\mathrm{s}$）

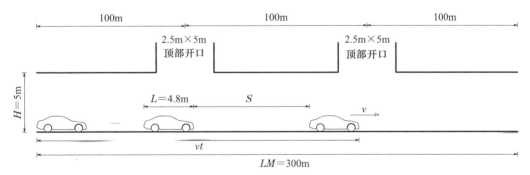

图 B.2.5 公路隧道压力波计算模型（有顶部开口）

下面为各个时间点和各个车距下的隧道压力分布计算结果，与前方一样，仅考虑高度 4.9m 处的压力分布。

（1）车间距 $S=30\mathrm{m}$，车流运行时间 $t=13.5\mathrm{s}$，综合考虑隧道进出口及顶部开口对压力的衰减。隧道内的压力分布曲线如图 B.2.6 所示。

（2）车间距 $S=30\mathrm{m}$，车流运行时间 $t=27\mathrm{s}$，综合考虑隧道进出口及顶部开口对压力的衰减。隧道内的压力分布曲线如图 B.2.7 所示。

（3）车间距 $S=50\mathrm{m}$，车流运行时间 $t=13.5\mathrm{s}$，综合考虑隧道进出口及顶部开口对压力的衰减。隧道内的压力分布曲线如图 B.2.8 所示。

（4）车间距 $S=50\mathrm{m}$，车流运行时间 $t=27\mathrm{s}$，综合考虑隧道进出口及顶部开口对压力的衰减。隧道内的压力分布曲线如图 B.2.9 所示。

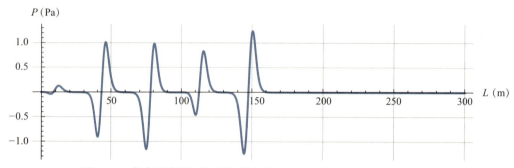

图 B.2.6　考虑两端开口的公路隧道压力波分布（$S = 30$m，$t = 13.5$s）

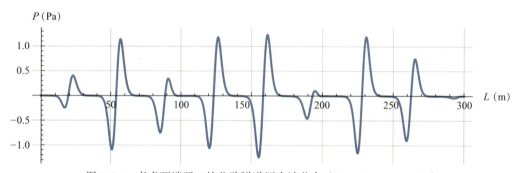

图 B.2.7　考虑两端开口的公路隧道压力波分布（$S = 30$m，$t = 27$s）

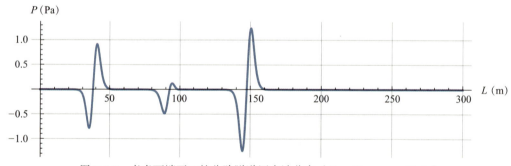

图 B.2.8　考虑两端开口的公路隧道压力波分布（$S = 50$m，$t = 13.5$s）

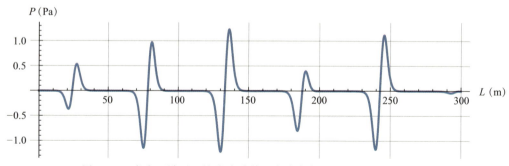

图 B.2.9　考虑两端开口的公路隧道压力波分布（$S = 50$m，$t = 27$s）

从计算结果可以看出，在隧道进出口及顶部开口附近，压力的逐时脉动依然存在。但是，由于隧道进出口及顶部开口直接与大气联通，隧道内部压力在其附近得到释放，其附近的压力波振幅将出现衰减。越靠近开口中心，压力衰减程度就越大。

参 考 文 献

[1] 王泽宇. 带竖井特长公路隧道的火灾通风数值模拟[D]. 成都：西南交通大学，2006.

[2] 徐林生，周波，刘保权. 公路隧道火灾与防治对策研究[J]. 城市地理. 2017（lX）：219.

[3] 陶双江. 竖井对长大公路隧道火灾影响的模型试验研究[D]. 成都：西南交通大学，2004.

[4] 付朝辉，曾艳华，何涛. 8km特长公路隧道通风系统优化配置[J]. 交通运输工程与信息学报. 2020，18（02）：10-17.

[5] 蒋浩锴，李智胜，蔡鑫，等. 烟囱效应下山岭隧道火风压特性模拟研究[J]. 消防科学与技术. 2021，40（07）：1009-1012.

[6] 付孝康，张子龙，张涛，等. 大万山特长隧道送排与互补组合通风方案研究[J]. 地下空间与工程学报. 2021，17（S2）：965-971＋984.

[7] 许白杨，袁松，张生，等. 特长公路隧道排烟方案及排烟效果研究[J]. 现代隧道技术. 2021，58（S1）：513-519.

[8] 童艳，施明恒，茅靳丰，等. 竖井型公路隧道自然通风过程的实验研究[J]. 暖通空调. 2009，39（09）：61-65.

[9] 徐庆辉，孙克国，朱峰，等. 基于污染物体积分数判识的长大隧道竖井位置优化研究[J]. 山东大学学报（工学版）. 2012，42（03）：87-92.

[10] 张雯婷，童艳，刘金祥. 竖井型市政公路隧道自然通风技术研究进展[J]. 建筑热能通风空调. 2013，32（02）：30-33.

[11] 张恒，孙建春，刘效成，等. 利用竖井自然通风辅助机械通风的关键参数研究[J]. 地下空间与工程学报. 2019，15（04）：1258-1266＋1272.

[12] [苏] C.C.库塔捷拉泽. 热物理学相似分析[M]. 北京：科学出版社，1987.

[13] 徐挺. 相似理论与模型试验[M]. 北京：中国农业机械出版社，1982.

[14] 徐挺. 相似方法及其应用[M]. 北京：机械工业出版社，1995.

[15] 茅靳丰，黄玉良，朱培根，姚亦君，李伟华，蒋国政. 火灾工况下城市隧道自然通风模型实验[J]. 解放军理工大学学报（自然科学版）. 2008，9（04）：357-362.

[16] 邱绪光. 实用相似理论[M]. 北京：北京航空学院出版社，1988.

[17] 诺吉德U，诺吉德M. 相似理论及因次理论[M]. 北京：国防工业出版社，1963.

[18] 周美立. 相似学[M]. 北京：中国科学技术出版社，1993.

[19] 李之光. 相似与模化：理论及应用 [M]. 北京：国防工业出版社，1982.

[20] 沈奕，闫治国，朱合华. 大断面道路隧道火灾初期规律足尺试验研究 [J]. 地下空间与工程学报. 2015，11（04）：1080-1087.

[21] 王彦富，蒋军成，龚延风. 公路隧道拱顶附近烟气最高温度的理论预测与试验研究 [J]. 公路. 2008.

[22] Zhu Y, Tang F, Chen L, et al. Effect of lateral concentrated smoke extraction on the smoke back-layering length and critical velocity in a longitudinal ventilation tunnel [J]. Journal of Wind Engineering and Industrial Aerodynamics. 2020, 207: 104403.

[23] Zhu Peigen H C L C, Zhu Danni, Lanying F. The Analogical Theory Research on Natural Ventilation in City Tunnel with Vertical Well [J]. Contamination Control & Airconditioning Technology. 2008, 4: 12-15.

[24] Aydin F M, Leutheusser H J. Plane-Couette flow between smooth and rough walls [J]. Experiments in Fluids. 1991: 302-312.

[25] 任佐皋. 流场显示学 [M]. 北京：兵器工业出版社，1992.

[26] 解放军总装备部. 军事训练教材编辑工作委员会. 流动显示技术 [M]. 北京：国防工业出版社，2002.

[27] 王小兵. 粒子图像测速技术在石油工程螺旋流中的应用 [M]. 北京：石油工业出版社，2015.

[28] 申功炘. 流动显示与测量技术及其应用 [M]. 北京：科学出版社，2020.

[29] Prandtl L. Über die ausgebildete Turbulenz [M]. ZAMM, 1925.

[30] Aydin F M, Leutheusser H J. Novel experimental facility for the study of plane-Couette flow [J]. Rev. Sci. Instrum. 1979, 50: 1362-1366.

[31] Nayak U, Stevens S. The aerodynamic drag of tube vehicles travelling at low subsonic speeds [C]. In Proceedings of the 2nd ISAVVT. 1976.

[32] Schubauer G. Turbulence processes as observed in boundary layer and pipe [J]. J Appl Phys. 1954, 25 (188).

[33] Klebanoff P. Characteristics of turbulence in a boundary layer with zero pressure gradient, 3178 [R]. 1954.

[34] 傅立敏. 汽车空气动力学 [M]. 北京：机械工业出版社，1998.

[35] 李添财. 汽车空气动力学 [M]. 第 2 版. 台北：全华图书股份有限公司，2005.

[36] 张兆顺，崔桂香，许春晓. 湍流大涡数值模拟的理论和应用 [M]. 北京：清华大学出版社，2008.

[37] 金斯科. 城市冠层结构对区域风环境的影响研究 [D]. 南京：南京工业大学，2011.

[38] Horiuti K. A new dynamic two-parameter mixed model for large-eddy simulation [J]. Physics of Fluids. 1997, 11 (3443-3464).

[39] Gullbrand J. Grid-independent large-eddy simula-tion inturbulent channel flow using three-

[40] 邓小兵. 不可压缩湍流大涡模拟研究[D]. 绵阳：中国空气动力研究与发展中心，2008.

[41] Piomelli U, Balaras E. Wall-layer models for large-eddy simulations [J]. Progress in Aerospace Sciences. 2008, 44 (6): 437-446.

[42] Furebya C, Fernando F, Grinsteinb. Large Eddy Simulation of High-Reynolds-Number Free and Wall-Bounded Flows [J]. Journal of Computational Physics. 2008, 181 (1): 68-97.

[43] 金斯科，龚延风，张广丽. 顶部开口的城市浅埋公路隧道内气压脉动特性及分布规律[J]. 南京工业大学学报（自然科学版）．2017，39（01）：145-152.

[44] Jin S, Jin J, Gong Y. Pressure-induced dipole theory and pressure pulsation in shallow urban road tunnels with top vents [J]. Tunnelling and Underground Space Technology. 2020, 95: 103140.

[45] 于丽，田源，李博，等. 蒙特卡洛法对城市公路隧道火灾规模研究[J]. 消防科学与技术．2018，37（12）：1631-1635.

[46] 胡隆华. 隧道火灾烟气蔓延的热物理特性研究[R]．2006.

[47] Furitsu Y, Koichi O, Takayoshi O. Fire protection for TBM shield tunnel lining [J]. Tunnelling & Underground Space Technology. 2004, 19 (4): 317.

[48] Gandit M, Kouabenan D R, Caroly S. Road-tunnel fires: Risk perception and management strategies among users [J]. Safety Science. 2009, 47 (1): 105-114.

[49] Migoya E, Crespo A, Garcı́a J, et al. A simplified model of fires in road tunnels. Comparison with three-dimensional models and full-scale measurements [J]. Tunnelling and Underground Space Technology. 2009, 24 (1): 37-52.

[50] 刘浩. 公路隧道火灾应急检测技术和组织实施[J]. 广东公路交通．2018，44（3）：58-61.

[51] 邹金杰. 竖井对长大公路隧道火灾影响的三维数值模拟研究[D]. 成都：西南交通大学，2006.

[52] 姜东民，丁伶. ANP-BP公路隧道火灾风险评价模型及应用[J]. 青岛理工大学学报．2018，39（5）：111-116.

[53] Xu G, Zhu G, Pan R, et al. Investigation on temperature distribution under the coupling action of transverse position and fire sealing of linear fire in tunnel [J]. Case Studies in Thermal Engineering. 2021, 26: 101032.

[54] Migoya E, Garcı́a J, Crespo A, et al. Determination of the heat release rate inside operational road tunnels by comparison with (CFD) calculations [J]. Tunnelling and Underground Space Technology. 2011, 26 (1): 211-222.

[55] Lin P, Zuo C, yuan Xiong Y, et al. An experimental study of the self-extinction mechanism of fire in tunnels [J]. Tunnelling and Underground Space Technology. 2021, 109: 103780.

[56] Klein R, Maevski I, Bott J, et al. Estimating water density for tunnel fixed firefighting system

and ventilation requirements to control fires in road tunnels [J]. Fire Safety Journal. 2021, 120: 103180Fire Safety Science: Proceedings of the 13th International Symposium.

[57] 王倩. 公路隧道中火灾报警系统的设计[J]. 工程技术研究. 2020, 5（12）: 211-212.

[58] 赵峰. 公路隧道火灾逃生条件研究[J]. Transpo World. 2015（15）: 32-33.

[59] 钟坤. 公路隧道火灾排烟设计探讨[J]. Housing and Real Estate. 2016（1X）: 55.

[60] 连而铸. 公路隧道火灾成因与处置对策[J] Fujian Architecture & Construction. 2016（10）: 116-119.

[61] 胡隆华, 彭伟, 杨瑞新. 隧道火灾动力学与防治技术基础[M]. 北京: 科学出版社, 2014.

[62] 叶红梅. 基于FDs公路隧道火灾仿真研究[J]. Technology & Economy in Areas of Communications. 2015, 17（02）: 79-82.

[63] Liu B, Mao J, Xi Y, et al. Effects of altitude on smoke movement velocity and longitudinal temperature distribution in tunnel fires [J]. Tunnelling and Underground Space Technology. 2021, 112: 103850.

[64] 闫治国, 杨其新, 朱合华. 火灾时隧道内烟流流动状态试验研究[J]. 土木工程学报. 2006, 4.

[65] 王彦富, 蒋军成. 半敞开式隧道火灾试验研究与数值模拟[J]. 工程热物理学报. 2009, 30（05）: 866-868.

[66] 苏紫敏, 黄葆, 冯建安. 细水雾在公路隧道内火灾控制性能研究[J]. 消防科学与技术. 2019, 38（07）: 970-976.

[67] 杨其新, 王明年, 邹金杰. 隧道火灾烟流性态的模型试验研究[J]. 地下空间与工程学报. 2008, 3（568-571）.

[68] 梁华刚, 谢冰雪, 庞丽琴. 车辆阻塞效应下公路隧道火灾临界风速[J]. Fire Science and Technology. 2017, 36（11）: 1515-1518.

[69] 王明年, 胡萧越, 于丽, 等. 公路隧道动态火灾规模及人员疏散研究[J]. 消防科学与技术. 2020, 39（02）: 203-207.

[70] Zhang X, Wu X, Park Y, et al. Perspectives of big experimental database and artificial intelligence in tunnel fire research [J]. Tunnelling and Underground Space Technology. 2021, 108: 103691.

[71] 王明年. 高速公路隧道及隧道群防灾救援技术[M]. 北京: 人民交通出版社, 2010.

[72] 林志. 公路隧道衬砌结构耐火技术[M]. 北京: 科学出版社, 2015.

[73] 张泽江. 城市交通隧道火灾蔓延控制[M]. 成都: 西南交通大学出版社, 2020.

[74] 代旭日, 朱志祥. 公路隧道火灾防控对策研究[J]. 消防科学与技术. 2017, 36（12）: 1715-1717.

[75] Linn R R, Sieg C H, Hoffman C M, et al. Modeling wind fields and fire propagation following bark beetle outbreaks in spatially-heterogeneous pinyon-juniper woodland fuel complexes [J].

Agricultural and Forest Meteorology. 2013, 173 (0): 139-153.

［76］李炎锋,李俊梅,刘闪闪. 城市交通隧道火灾工况特性及烟控技术分析［J］. 建筑科学. 2012. 28（11）：75-80+87.

［77］张良,张得胜,梁国福,等. 全尺寸的大客车整车火灾燃烧实验研究［J］. Chung shan ta hsüeh hsüeh pao. 2020, 59（02）：95-100.

［78］贾进章,李雪娇. 基于遗传-蚁群算法的单层建筑火灾疏散路径规划研究［J］. 中国安全生产科学技术. 2020, 16（06）：122-126.

［79］王惠. 火灾现场的紧急疏散与逃生［J］. China Security Service. 2014（12）：72-73.

［80］金斯科,金佳丽,龚延风. 顶部开口浅埋公路隧道流场特性及自然通风机理［M］. 北京：中国建筑工业出版社,2020.

［81］易家训. 分层流［M］. 北京：科学出版社,1983.

［82］张爽,时钟. 稳定分层流密度界面处湍流混合与分形结构［J］. chinese journal of theoretical and applied mechanics. 2015, 47（04）：547-556.

［83］周从直. 环境流体力学［M］. 重庆：重庆大学出版社,2010.

［84］董志勇. 环境流体力学［M］. 北京：科学出版社,2015.

［85］董志勇. 环境水力学［M］. 北京：科学出版社 2006.

［86］华祖林. 温差剪切分层流运动特性试验与数值模拟［M］. 北京：科学出版社,2008.

［87］刘国栋. 气液两相流体动力学［M］. 哈尔滨：哈尔滨工业大学出版社,2021.

［88］童艳,施明恒,翟志强. 多竖井自然通风城市公路隧道火灾烟气分布（英文）［J］. Journal of Southeast University（English Edition）. 2013, 29（03）：305-309.

［89］高阳,朱仁传,缪国平,等. 均匀连续分层流的自由面格林函数［J］. Journal of Shanghai Jiaotong University. 2014, 48（12）：1788-1794.

［90］王彦富,闫培娜,孙小斐,等. 顶部竖井隧道自然通风排烟实验的设计与实践［J］. 实验技术与管理. 2016, 33（10）：176-180+184.

［91］杨黎,杨莹莹,韦良文,等. 公路隧道机械排烟效果影响因素研究综述［J］. 武汉理工大学学报（信息与管理工程版）. 2019, 41（05）：479-484.

［92］李波. 包家山特长公路隧道斜竖井排烟模式实验研究［J］. 武警学院学报. 2013, 29（08）：45-47.

［93］袁帅,张志强,殷召念. 公路隧道斜井送排式通风节能系统优化分析［J］. 公路工程. 2017, 42（05）：58-63.

［94］薛大鹏,郑国平,郭洪雨,等. 基于动网格的隧道通风井合理倾角研究［J］. 绍兴文理学院学报（自然科学）. 2022, 42（02）：14-22.

［95］Driest E R V. On turbulent flow near a wall [J]. Joumal of Aeronaut sci. 1956, 23: 1007-1016.

插 图 列 表

图 1.1.1　石门隧道内部　……………………………………………………………… 2
图 1.1.2　石门隧道洞口　……………………………………………………………… 2
图 1.1.3　瑞士圣哥达基线隧道（57km）　…………………………………………… 2
图 1.1.4　挪威洛达尔隧道（24.5km）　……………………………………………… 2
图 1.1.5　中国秦岭终南山公路隧道（18.02km）　…………………………………… 3
图 1.1.6　日本青函海底隧道（23km）　……………………………………………… 3
图 1.1.7　中国公路隧道数量（2000～2020年）　…………………………………… 3
图 1.1.8　中国公路隧道里程（2000～2020年）　…………………………………… 3
图 1.1.9　叶麻尖特长隧道入口鸟瞰　………………………………………………… 4
图 1.1.10　叶麻尖特长隧道内部施工　………………………………………………… 4
图 1.1.11　英法海底隧道（入口）　…………………………………………………… 5
图 1.1.12　英法海底隧道（内部）　…………………………………………………… 5
图 1.1.13　日本青函海底隧道　………………………………………………………… 5
图 1.2.1　美国霍兰德隧道及地面通风井　…………………………………………… 6
图 1.2.2　隧道通风模式　……………………………………………………………… 7
图 1.2.3　秦岭终南山公路隧道的整体结构及入口　………………………………… 9
图 1.2.4　秦岭终南山公路隧道的通风及照明系统　………………………………… 10
图 1.3.1　公路隧道中的机械通风与自然通风　……………………………………… 11

图 2.1.1　公路隧道中的笛卡儿直角坐标系　………………………………………… 14
图 2.1.2　公路隧道相似流场体系　…………………………………………………… 15
图 2.1.3　流场体系的力学相似　……………………………………………………… 17
图 2.1.4　运行车辆对隧道底层气流的强烈扰动　…………………………………… 19
图 2.1.5　运行车辆的尾流及其对隧道内流场的扰动　……………………………… 22
图 2.2.1　隧道模型细节　……………………………………………………………… 23
图 2.2.2　模型隧道照片　……………………………………………………………… 24
图 2.2.3　隧道模型及隧道内的模型车辆　…………………………………………… 24
图 2.2.4　机械传动公路隧道实验平台构造　………………………………………… 25
图 2.2.5　实验平台俯视及模型车布置　……………………………………………… 25

175

图2.2.6	模型隧道截面及模型车	26
图2.2.7	模型实验平台照片（局部）	26
图2.2.8	实验中采用的模型车	26
图2.2.9	公路隧道内部及模型车布置	27
图2.2.10	顶部竖井风速探头布置	27
图2.2.11	模拟量输入模块	27
图2.2.12	风速传感器	27
图2.2.13	激光片光源下的流场显示	27
图2.2.14	激光片光源下的隧道流场	27
图2.3.1	实验平台中的示踪气体设置方案	29
图2.3.2	行驶车辆的尾流	31
图2.3.3	设有顶部开口的隧道内流场	31
图2.3.4	隧道顶部竖井内的流场	31
图2.3.5	顶部开口的烟气抽吸作用	31
图2.3.6	火灾下的公路隧道烟气流场显示	32
图2.3.7	火焰附近的烟气流场显示	32
图3.1.1	两流层间流体粒子的动量交换	34
图3.1.2	公路隧道流场中的流体微元即剪切应力分析	35
图3.1.3	能量增量分布，$v_0=2\text{m/s}$	37
图3.1.4	能量耗散分布，$v_0=2\text{m/s}$	37
图3.1.5	能量增量分布，$v_0=4\text{m/s}$	38
图3.1.6	能量耗散分布，$v_0=4\text{m/s}$	38
图3.1.7	公路隧道内各项参数分布曲线随时间的变化规律	38
图3.2.1	公路隧道流场简化	40
图3.2.2	公路隧道流场分区	40
图3.2.3	壁面影响区流体微元分析	41
图3.2.4	车辆影响区流体微元分析	42
图3.2.5	公路隧道流场的流速分布	43
图3.2.6	隧道流速曲线及速度拐点	43
图3.2.7	公路隧道流场稳态理论分布	45
图3.2.8	沿隧道高度的剪切应力分布	45
图3.2.9	公路隧道中的稳态流速及剪切应力分布（模型车速2m/s）	45
图3.2.10	公路隧道中的稳态流速及剪切应力分布（模型车速4m/s）	46
图3.2.11	公路隧道流场分布理论公式与简化公式的对比	47
图3.3.1	公路隧道流场发展测试数据	48

图 3.3.2	公路隧道流场逐时发展曲线及流速分布演化	49
图 3.3.3	流速分布曲线（距入口 0.5m）	50
图 3.3.4	流速分布曲线（距入口 3.0m）	50
图 3.3.5	流速分布曲线（距入口 10m）	50
图 3.3.6	流速分布曲线（距入口 30m）	50
图 4.1.1	车辆前部及侧边的气流流场	52
图 4.1.2	车辆上部的气流流场	52
图 4.1.3	受行驶车辆影响下的隧道上层流场	52
图 4.2.1	各类方法的模型隧道垂直流速分布结果（B 区段）	54
图 4.2.2	平均流剖面	54
图 4.2.3	修正函数 D 分布（Piomelli U. etc）	56
图 4.2.4	修正函数 D_n 分布（本书提出）	56
图 4.3.1	计算区域简图	57
图 4.3.2	车辆模型及网格	57
图 4.3.3	隧道流场矢量（进口端），$v = 10$m/s，$t = 0.5$s	58
图 4.3.4	隧道流场矢量（出口端），$v = 10$m/s，$t = 0.5$s	59
图 4.3.5	隧道压力云图（中段），$v = 10$m/s，$t = 0.5$s	59
图 4.3.6	隧道横截面及 5 个测量区段	60
图 4.3.7	修正后结果与测试数据（A 区段）	61
图 4.3.8	修正后结果与测试数据（B 区段）	61
图 4.3.9	修正后结果与测试数据（C 区段）	61
图 4.3.10	修正后结果与测试数据（D 区段）	61
图 4.3.11	修正后结果与测试数据（E 区段）	61
图 5.1.1	压力场中的流体介质微元	63
图 5.1.2	压力偶极子的二维空间压力场分布	67
图 5.1.3	隧道压力分布计算简图	67
图 5.1.4	模型公路隧道内固定点的压力逐时脉动测点布置	69
图 5.1.5	隧道内固定点的压力逐时脉动（车距 2m）	69
图 5.1.6	隧道内固定点的压力逐时脉动（车距 4m）	70
图 5.1.7	隧道内固定点的压力逐时脉动（车距 8m）	70
图 5.1.8	模型公路隧道内同一时刻的压力空间分布测点布置	71
图 5.1.9	隧道内固定时刻的压力分布（车距 2m）	72
图 5.1.10	隧道内固定时刻的压力分布（车距 4m）	73
图 5.1.11	隧道内固定时刻的压力分布（车距 8m）	74

图 5.2.1	公路隧道顶部开口处的流场特性实验方案	75
图 5.2.2	4 类隧道顶部开口布置方案	75
图 5.2.3	隧道顶部开口处的风速探头布置	76
图 5.2.4	隧道竖井风速探头	76
图 5.2.5	实验中的风速探头	76
图 5.2.6	4 类隧道类型 17 个顶部开口处的瞬时气流影像	77
图 5.2.7	顶部开口 O_{C3} 处 3 个时刻的气流影像	78
图 5.2.8	顶部开口流场发展（顶部开口布置方案 D）	79
图 5.2.9	顶部开口流场发展详图（顶部开口布置方案 D）	79
图 5.2.10	隧道竖井平均风速分布（方案 A）	80
图 5.2.11	隧道竖井平均风速分布（方案 B）	80
图 5.2.12	隧道竖井平均风速分布（方案 C）	80
图 5.2.13	隧道竖井平均风速分布（方案 D）	80
图 5.3.1	顶部开口 O_{D1}，车速 1m/s	81
图 5.3.2	顶部开口 O_{D1}，车速 2m/s	81
图 5.3.3	顶部开口 O_{D4}，车速 1m/s	81
图 5.3.4	顶部开口 O_{D4}，车速 2m/s	81
图 5.3.5	顶部开口 O_{D7}，车速 1m/s	82
图 5.3.6	顶部开口 O_{D7}，车速 2m/s	82
图 5.3.7	隧道顶部开口处风速分布（方案 A-D）	82
图 5.3.8	隧道顶部开口数量对进风速度的影响（进口）	84
图 5.3.9	隧道顶部开口数量对进风速度的影响（中部）	84
图 5.3.10	隧道顶部开口数量对进风速度的影响（出口）	84
图 5.3.11	隧道内的车速对顶部开口处风速的影响（进口）	85
图 5.3.12	隧道内的车速对顶部开口处风速的影响（中部）	85
图 5.3.13	隧道内的车速对顶部开口处风速的影响（出口）	85
图 6.1.1	公路隧道火灾时的烈火和浓烟	88
图 6.1.2	火灾后的浙江猫狸岭隧道壁面	88
图 6.1.3	公路隧道洞口处的火灾烟气	89
图 6.1.4	火灾发生后隧道内烟气弥漫	89
图 6.2.1	对调查者年龄频率分布	91
图 6.2.2	对调查者驾龄频率分布	91
图 6.2.3	不同火灾位置下的逃生行为	92
图 6.2.4	不同前方火灾距离下的逃生行为	92
图 6.2.5	不同位置和火势下的逃生行为对比	93

图 6.2.6	火灾烟气实验平台侧面及平面结构	………………………………	94
图 6.2.7	公路隧道火灾烟气的上下游定义	…………………………………	94
图 6.2.8	火羽流撞击隧道顶面	………………………………………………	95
图 6.2.9	顶部烟气向两侧流动	………………………………………………	95
图 6.2.10	公路隧道火灾烟气上游形态	……………………………………	96
图 6.2.11	公路隧道火灾烟气上游烟层结构及输运行为示意图	…………	97
图 6.2.12	公路隧道火灾烟气下游形态	……………………………………	98
图 6.2.13	公路隧道火灾烟气下游烟层结构及输运行为示意图	…………	99
图 6.3.1	水与空气呈现分层结构	……………………………………………	99
图 6.3.2	隧道内烟气与空气的分层	…………………………………………	99
图 6.3.3	稳定分层流的密度分布	……………………………………………	100
图 6.3.4	公路隧道内烟层及空气的扰动速度势及运动学条件	…………	103
图 6.3.5	典型 Froude 数下的烟层结构及稳定性	…………………………	106
图 6.3.6	基于 Froude 数的烟气分层结构及稳定性判据	…………………	106
图 6.3.7	边界层剥离现象示意图及竖井内测点布置	……………………	108
图 6.3.8	竖井拐角处的边界层剥离及漩涡区	……………………………	108
图 6.3.9	竖井处发生外部气流夹带烟气倒灌	……………………………	108
图 6.3.10	不同高度竖井时的竖井内排烟速度（模型火灾功率 1780W）	…	108
图 6.3.11	车辆运行时竖井改善前排烟效果	………………………………	109
图 6.3.12	车辆运行时竖井改善后排烟效果	………………………………	109
图 6.3.13	隧道内火灾烟层被吸穿示意图	…………………………………	110
图 6.3.14	烟层未被吸穿无明显凹陷区	……………………………………	110
图 6.3.15	烟层未被吸穿但出现凹陷区	……………………………………	110
图 6.3.16	烟层被吸穿的瞬间	………………………………………………	110
图 6.3.17	烟层被吸穿	………………………………………………………	110
图 6.3.18	不同竖井高度下竖井下方的平均烟层厚度	……………………	111
图 7.1.1	顶部开口公路隧道自然通风平衡分析	…………………………	114
图 7.1.2	公路隧道内单纯由运行车辆引发的截面流量分布	……………	115
图 7.1.3	公路隧道顶部开口通风潜力分布	………………………………	116
图 7.1.4	隧道顶部开口处的风速探头布置	………………………………	117
图 7.1.5	不同竖井布置下的公路隧道竖井处通风流场影像	……………	118
图 7.1.6	竖井自然通风潜力理论曲线及实测数据（车速 1.5m/s）	……	119
图 7.1.7	竖井自然通风潜力理论曲线及实测数据（车速 2.0m/s）	……	119
图 7.1.8	竖井自然通风潜力理论曲线及实测数据（车速 2.5m/s）	……	119
图 7.1.9	顶部开口公路隧道自然通风运动分析	…………………………	120

图 7.1.10　考虑脉动的公路隧道进风速度分布示意图 ·········· 122
图 7.1.11　公路隧道入口附近的竖井进风流场 ·········· 123
图 7.1.12　公路隧道出口附近的竖井进风流场 ·········· 123
图 7.1.13　压力脉动下竖井自然通风潜力曲线及实测数据（车速 1.5m/s） ·········· 123
图 7.1.14　压力脉动下竖井自然通风潜力曲线及实测数据（车速 2.0m/s） ·········· 123
图 7.1.15　压力脉动下竖井自然通风潜力曲线及实测数据（车速 2.5m/s） ·········· 124
图 7.2.1　公路隧道竖井下方加设导风板及隧道通风状态示意图 ·········· 125
图 7.2.2　水平流体撞击导风板后力学分析 ·········· 126
图 7.2.3　$\sin\theta(1+\cos\theta)$ 函数曲线 ·········· 127
图 7.2.4　$\sin\theta(1+\cos\theta)$ 导数曲线 ·········· 127
图 7.2.5　公路隧道竖井漩涡区示意图 ·········· 128
图 7.2.6　公路隧道竖井漩涡区照片 ·········· 128
图 7.2.7　竖井侧边倒角的优化方案 ·········· 128
图 7.2.8　竖井倾斜的优化方案 ·········· 129
图 7.3.1　加设导风板后公路隧道竖井流场实验方案及测点布置 ·········· 129
图 7.3.2　加设导风板前的竖井流场 ·········· 130
图 7.3.3　加设导风板后的竖井流场 ·········· 130
图 7.3.4　加设导风板后的竖井流场实测数据（模型车速 1.0m/s） ·········· 131
图 7.3.5　加设导风板后的竖井流场实测数据（模型车速 1.5m/s） ·········· 131
图 7.3.6　加设导风板后的竖井流场实测数据（模型车速 2.0m/s） ·········· 131
图 7.3.7　倾斜竖井流场测试方案及测点布置 ·········· 132
图 7.3.8　倾斜竖井内的流场影像（一） ·········· 132
图 7.3.9　倾斜竖井内的流场影像（二） ·········· 132
图 7.3.10　倾斜竖井与垂直倒角竖井流场实测数据（模型车速 1.0m/s） ·········· 133
图 7.3.11　倾斜竖井与垂直倒角竖井流场实测数据（模型车速 1.5m/s） ·········· 133
图 7.3.12　倾斜竖井与垂直倒角竖井流场实测数据（模型车速 2.0m/s） ·········· 133
图 7.3.13　4 类公路隧道竖井布置及通风强化改造布置方案 ·········· 134
图 7.3.14　强化措施后公路隧道通风效能实验方案及测点布置 ·········· 134
图 7.3.15　强化措施后公路隧道通风效能（竖井布置方案 A） ·········· 135
图 7.3.16　强化措施后公路隧道通风效能（竖井布置方案 B） ·········· 135
图 7.3.17　强化措施后公路隧道通风效能（竖井布置方案 C） ·········· 135
图 7.3.18　强化措施后公路隧道通风效能（竖井布置方案 D） ·········· 136

图 8.3.1　公路隧道流场分区 ·········· 145
图 8.3.2　公路隧道流场的流速分布 ·········· 146
图 8.3.3　公路隧道流场逐时发展曲线及流速分布演化 ·········· 147

图 8.3.4	压力偶极子的二维空间压力场分布	148
图 8.3.5	顶部开口 O_{C3} 处三个时刻的气流影像	149
图 8.4.1	公路隧道内单纯由运行车辆引发的截面流量分布	152
图 8.4.2	公路隧道顶部开口通风潜力分布	152
图 8.4.3	考虑脉动的公路隧道进风速度分布示意图	153
图 8.4.4	竖井侧边倒角的优化方案	154
图 8.4.5	强化措施后公路隧道通风效能（竖井布置方案 D）	155
图 A.1.1	壁面影响区流体微元分析	157
图 A.1.2	车辆影响区流体微元分析	160
图 B.1.1	公路隧道压力波计算模型（无顶部开口）	164
图 B.1.2	公路隧道压力波分布（$S=30\mathrm{m}$，$t=13.5\mathrm{s}$）	164
图 B.1.3	公路隧道压力波分布（$S=30\mathrm{m}$，$t=27\mathrm{s}$）	165
图 B.1.4	公路隧道压力波分布（$S=50\mathrm{m}$，$t=13.5\mathrm{s}$）	165
图 B.1.5	公路隧道压力波分布（$S=50\mathrm{m}$，$t=27\mathrm{s}$）	165
图 B.2.1	考虑两端开口的公路隧道压力波分布（$S=30\mathrm{m}$，$t=13.5\mathrm{s}$）	166
图 B.2.2	考虑两端开口的公路隧道压力波分布（$S=30\mathrm{m}$，$t=27\mathrm{s}$）	166
图 B.2.3	考虑两端开口的公路隧道压力波分布（$S=50\mathrm{m}$，$t=13.5\mathrm{s}$）	167
图 B.2.4	考虑两端开口的公路隧道压力波分布（$S=50\mathrm{m}$，$t=27\mathrm{s}$）	167
图 B.2.5	公路隧道压力波计算模型（有顶部开口）	167
图 B.2.6	考虑两端开口的公路隧道压力波分布（$S=30\mathrm{m}$，$t=13.5\mathrm{s}$）	168
图 B.2.7	考虑两端开口的公路隧道压力波分布（$S=30\mathrm{m}$，$t=27\mathrm{s}$）	168
图 B.2.8	考虑两端开口的公路隧道压力波分布（$S=50\mathrm{m}$，$t=13.5\mathrm{s}$）	168
图 B.2.9	考虑两端开口的公路隧道压力波分布（$S=50\mathrm{m}$，$t=27\mathrm{s}$）	168